con spirito

Gesangheft der EKS
Livret de chants de l'EERS
Raccolta di inni della CERiS
Quadern da chant da la BERS

con spirito

Gesangheft der EKS
Livret de chants de l'EERS
Raccolta di inni della CERiS
Quadern da chant da la BERS

Impressum

Liturgiekommission der EKS
Commission liturgie de l'EERS
Commissione liturgica della CERiS
Cumissiun da liturgia da la BERS
Elie Jolliet, Philippe Kneubühler, Katrin Kusmierz, Sylvia Minder, Christine Oefele, Martin Schmidt, Tabea Stalder, Matthias Wirz, Benoît Zimmermann

Arbeitsgruppe Gesänge
Groupe de travail chants
Gruppo di lavoro per gli inni
Gruppa da lavur chanzuns
Samuel Cosandey, Elie Jolliet, Benoît Zimmermann

Übersetzung
Traduction
Traduzione
Traducziun
Luca Baschera, Anna Belli, Jan-Andrea Bernhard, Susanne Brandt, Andre Carruzzo, Andri Casanova, Flurina Cavegn-Tomaschett, Samuel Cosandey, Emanuelle Dobler-Ummel, Christian Glardon, Elie Jolliet, David Kneubühler, Hélène Küng, Sophie Mermod-Gilléron, Simona Rauch, Gabrielle Rivier, Hans-Peter Schreich-Stuppan, Paolo Tognina, Matthias Wirz

Notensatz | Gravure musicale
Partiture | Notaziun
Elie Jolliet

Korrektorat | Relecture et correction
Correzione delle bozze | Correctorat
Anna Belli, Jan-Andrea Bernhard, Andri Casanova, Samuel Cosandey, Tania Giuliani, David Kneubühler, Hans-Peter Schreich-Stuppan, Benoît Zimmermann

Satz, Layout und Umschlaggestaltung
Monica Schulthess Zettel

Verlag
TVZ Theologischer Verlag Zürich AG

Der Theologische Verlag Zürich wird vom Bundesamt für Kultur mit einem Strukturbeitrag für die Jahre 2021–2024 unterstützt.

Bibliografische Informationen der Deutschen Nationalbibliothek
Die Deutsche Nationalbibliothek verzeichnet diese Publikation in der Deutschen Nationalbibliografie; detaillierte bibliografische Daten sind im Internet abrufbar:
http://dnb.dnb.de

Druck
AZ Druck und Datentechnik, Kempten

Alle Rechte vorbehalten.

ISBN 978-3-290-18628-9
© 2024 Theologischer Verlag Zürich
www.tvz-verlag.ch

Conception, mise en page et réalisation couverture
Monica Schulthess Zettel

Maison d'édition
TVZ Theologischer Verlag Zürich AG

Les Editions Théologiques de Zurich bénéficient d'une contribution de l'Office fédéral de la culture pour les années 2021–2024.

Informations bibliographiques de la Deutsche Nationalbibliothek
La Deutsche Nationalbibliothek répertorie cette publication dans la Deutsche Nationalbibliografie ; les données bibliographiques détaillées peuvent être consultées sur Internet à l'adresse :
http://dnb.dnb.de

Impression
AZ Druck und Datentechnik, Kempten

Tous droits réservés.

Concezione, impaginazione e progettazione della copertina
Monica Schulthess Zettel

Editore
TVZ Theologischer Verlag Zürich AG

La Casa Editrice Teologica di Zurigo è sostenuta dall'Ufficio federale della cultura con un contributo strutturale per gli anni 2021–2024.

Informazioni bibliografiche della Biblioteca nazionale tedesca
La Biblioteca nazionale tedesca elenca questa pubblicazione nella Bibliografia nazionale tedesca; informazioni bibliografiche dettagliate sono disponibili su Internet:
http://dnb.dnb.de

Stampa
AZ Druck und Datentechnik, Kempten

Tutti i diritti riservati.

Concepziun, impaginaziun e realisaziun da la cuverta
Monica Schulthess Zettel

Chasa editura
TVZ Theologischer Verlag Zürich AG

La Chasa editura teologica da Turitg vegn sustegnida da l'Uffizi federal da cultura (UFC) cun ina contribuziun structurala per ils onns 2021–2024.

Infurmaziuns bibliograficas da la Biblioteca naziunala tudestga
La Biblioteca naziunala tudestga registrescha questa publicaziun en la Bibliografia naziunala tudestga; datas bibliograficas detagliadas èn disponiblas en l'internet:
http://dnb.dnb.de

Stampa
AZ Druck und Datentechnik, Kempten

Tut ils dretgs resalvads.

Inhaltsverzeichnis

Vorwort
Zusammen singen

Gesänge

1 Hoch hebt den Herrn mein Herz und meine Seele
2 O Höchster, deine Gütigkeit (Ps 36)
3 Nun jauchzt dem Herren, alle Welt (Ps 100)
4 Nun saget Dank und lobt den Herren (Ps 118)
5 Mein ganzes Herz erhebet dich (Ps 138)
6 Bleib bei mir, Herr! Der Abend bricht herein
7 Der Tag, mein Gott, ist nun vergangen
8 Der Mond ist aufgegangen
9 All Morgen ist ganz frisch und neu
10 Wer nur den lieben Gott lässt walten
11 Allein Gott in der Höh sei Ehr
12 Lobe den Herren, den mächtigen König der Ehren
13 Nun danket alle Gott
14 Grosser Gott, wir loben dich
15 In dir ist Freude
16 Aus tiefer Not schrei ich zu dir (Ps 130)
17 Christe, du Lamm Gottes
18 Gelobt sei Gott im höchsten Thron
19 Held, der dem Grabe sieggekrönt entstieg
20 Die Kirche steht gegründet
21 Komm, Schöpfer Geist, kehr bei uns ein
22 Unser Vater
23 Mein Herr und mein Gott
24 Mein Gott ist ein getreuer Hirt (Ps 23)
25 Ich lobe meinen Gott
26 Vertraut den neuen Wegen
27 Weise uns den Weg, Gott, geht mit
28 Jesus, führ uns durch deinen Geist
29 Du bist da
30 Mutter Geist, mit deiner Fröhlichkeit (Kanon)
31 Wenn eine(r) alleine träumt (Kanon)
32 Vom Aufgang der Sonne (Kanon)
33 Schweige und höre (Kanon)
34 Komm, göttliches Licht
35 Im Dunkel unsrer Nacht
36 Christus, dein Licht
37 Meine Hoffnung und meine Freude
38 Laudate omnes gentes
39 Laudate Dominum
40 Tui amoris ignem (Veni Sancte Spiritus)
41 Sanctus (Kanon)
42 Ubi caritas
43 Hagios ho Theos
44 Sende aus deinen Geist
45 Kyrie eleison (Taizé)
46 Kyrie eleison (Kanon)
47 Kyrie eleison (orthodox)
48 Kyrie eleison (Reindorf)
49 Gloria a Dios
50 May the words
51 Alleluia
52 Dona nobis pacem (Kanon)
53 Für Speis und Trank (Kanon)
54 Danket, danket dem Herrn (Kanon)

Liturgische Elemente für den Gottesdienst

55 Unser Vater
56 Apostolisches Glaubensbekenntnis
57 ein nachapostolisches bekenntnis (Kurt Marti)
58 Credo (Dorothee Sölle)
59 Glaubensbekenntnis (aus Südafrika)
60 Einsetzung von Mitgliedern der Synode der EKS
61 Einsetzung der Mitglieder des Rates der EKS und ihrer Präsidentin oder ihres Präsidenten
62 Abendmahl
63 Abendmahl im kleinen Kreis
67 Sendung
68 Aaronitischer Segen
69 Trinitarischer Segen

Liturgische Elemente für Andachten

70 Morgengebet
71 Gebet zu Sitzungsbeginn
72 Abendgebet
73 Gebet am Ende des Tages
74 Gebet
75 Liturgie für ein Nachtgebet im Stil der Iona Community

Verzeichnisse

Abkürzungsverzeichnis
Rechteverzeichnis

con spirito | Gesangheft der EKS | Livret de chants de l'EERS | Raccolta di inni della CERiS | Quadern da chant da la BERS

Sommaire

Préface
Chanter ensemble

Chants

1. J'exalte Dieu et chante d'allégresse
2. Ô Seigneur, ta fidélité (Ps 36)
3. Vous tous qui la terre habitez (Ps 100)
4. Célébrez Dieu, rendez-lui grâce (Ps 118)
5. Que tout mon cœur soit dans mon chant (Ps 138)
6. Reste avec nous, Seigneur, le jour décline
7. À l'horizon, le jour s'éloigne
8. La lune s'est levée
9. Fraîche et nouvelle chaque jour
10. Il faut qu'en Dieu l'on se confie
11. Louange et gloire aux plus hauts cieux
12. Bénissons Dieu, notre Roi, le puissant Roi de gloire
13. Du cœur et de la voix
14. Grand Dieu, nous te bénissons
15. Mon allégresse
16. Dans l'affliction, je crie à toi (Ps 130)
17. Christ, Agneau de Dieu
18. Gloire à Dieu au plus haut des cieux
19. À toi la gloire, ô Ressuscité
20. L'Église universelle
21. Esprit Saint, Esprit Créateur
22. Notre Père
23. Seigneur, toi mon Dieu
24. Le Seigneur est mon bon Berger (Ps 23)
25. Je louerai l'Éternel
26. Marchons avec confiance
27. Montre-nous, ô Dieu, ton chemin
28. Jésus, c'est toi que, dans la foi
29. Dieu présent
30. Mère Esprit, ô source de ma joie (canon)
31. Si tu restes seul(e) pour rêver (canon)
32. Quand naît la lumière (canon)
33. Fais-toi silence (canon)
34. Lumière de Dieu
35. Dans nos obscurités
36. Jésus le Christ
37. Ô ma joie et mon espérance
38. Laudate omnes gentes
39. Laudate Dominum
40. Tui amoris ignem (Veni Sancte Spiritus)
41. Sanctus (canon)
42. Ubi caritas
43. Hagios ho Theos
44. Mets en nous ton Esprit
45. Kyrie eleison (Taizé)
46. Kyrie eleison (canon)
47. Kyrie eleison (orthodoxe)
48. Kyrie eleison (Reindorf)
49. Gloria a Dios
50. May the words
51. Alleluia
52. Dona nobis pacem (canon)
53. Pour ce repas (canon)
54. Rendons grâce au Seigneur (canon)

Éléments liturgiques pour un culte

55. Notre Père
56. Symbole des apôtres
57. une confession post-apostolique (Kurt Marti)
58. Credo (Dorothee Sölle)
59. Confession de foi (d'Afrique du Sud)
60. Installation des membres du Synode de l'EERS
61. Installation des membres du Conseil et de la Présidente ou du Président de l'EERS
62. Cène
64. Brève liturgie de sainte Cène
67. Envoi
68. Bénédiction sacerdotale
69. Bénédiction trinitaire

Éléments liturgiques pour un recueillement

70. Prière du matin
71. Prière pour l'ouverture d'une réunion
72. Prière du soir
73. Prière en fin de journée
74. Prière
75. Liturgie d'une prière du soir dans le style de la Communauté d'Iona

Tables

Table des abréviations
Table des droits

Indice

Prefazione
Cantare insieme

Canti

1 L'anima mia magnifica il Signore
2 Del mio Signor la carità (Sal 36)
3 Il mondo lodi il Creator (Sal 100)
4 A Dio rendete onore e gloria (Sal 118)
5 O Re dei re che nel mio cuor (Sal 138)
6 Resta con me, Signore, il dì declina
7 Il giorno, Dio, è passato
8 La luna è sorta in cielo
9 È fresca e nuova ogni dì
10 Chi sol confida nel Signore
11 A Te, Signore Altissimo
12 Lode all'Altissimo, lode al Signore possente
13 Siam grati a Te, Signor
14 Sommo Iddio, noi T'invochiamo
15 Gioia del cuore
16 Nel mio sconforto grido a Te (Sal 130)
17 Cristo, Agnel di Dio
18 Gloria al Signor in terra e in ciel
19 Cristo è risorto! Alleluia
20 Sol Cristo è della Chiesa
21 Vieni, Spirito Creator
22 Padre nostro
23 Signore, mio Dio
24 È il Signor pastor fedel (Sal 23)
25 Ti loderò, Signor
26 Osate le vie nuove
27 Guidaci, Signor, nel cammin
28 Si' sempre tu, Signor Gesù
29 Tu sei qui
30 Spirito, o Madre, rendi in me (canone)
31 Il sogno d'un cuore sol (canone)
32 Dal sorger del sole (canone)
33 Taci, ascolta (canone)
34 O luce di Dio
35 In questa oscurità
36 Cristo Gesù
37 Il Signor è la mia forza
38 Laudate omnes gentes
39 Laudate Dominum
40 Tui amoris ignem (Veni Sancte Spiritus)
41 Sanctus (canone)
42 Ubi caritas
43 Hagios ho Theos
44 Vieni qui, Spirito
45 Kyrie eleison (Taizé)
46 Kyrie eleison (canone)
47 Kyrie eleison (ortodosso)
48 Kyrie eleison (Reindorf)
49 Gloria a Dios
50 May the words
51 Alleluia
52 Dona nobis pacem (canone)
53 Per pane e vin (canone)
54 Ringraziam il Signor (canone)

Elementi liturgici per il culto

55 Padre nostro
56 Credo apostolico
57 una confessione post-apostolica (Kurt Marti)
58 Credo (Dorothee Sölle)
59 Confessione di fede (del Sudafrica)
65 Breve liturgia della Cena del Signore
67 Parole di congedo
68 Benedizione aaronitica
69 Benedizione trinitaria

Elementi liturgici per devozioni

74 Preghiere

Elenchi

Elenco delle abbreviazioni
Elenco dei diritti

con spirito | Gesangheft der EKS | Livret de chants de l'EERS | Raccolta di inni della CERiS | Quadern da chant da la BERS

Cuntegn

Prefaziun
Chantar ensemen

Chanzuns

 1 Jeu benedeschel Diu e giubileschel
 2 O Segner, tia grond' buntà (Ps 36)
 3 Uss giubilei al tutpussent (Ps 100)
 4 Scudün Dieu lod'e celebrescha (Ps 118)
 5 Eau t'lod, o Dieu, da tuot mieu cour (Ps 138)
 6 Sta ti tar mai! Il di è per finir
 7 Il gi, miu Diu, svanesch'en prescha
 8 La glüna es alveda
 9 Sco cha'l sulai es uoss'alvà
10 Tgi tut ses fatgs a Deus remetta
11 Sulet a Diu engraziament
12 Lauda il Segner, il retg en altezias beadas
13 Ludein il tutpussent
14 O grond Deus, nus tei ludein
15 Tuott'allegrezza
16 Ord il profund clom jeu tier tei (Ps 130)
17 Crist, agnè dal Segner
18 Ludaus sei Dieus sil tron splendus
19 A ti sei gloria ch'eis oz si levaus
20 Fundad'è la baselgia
21 Neu, nies scaffider, car sogn Spert
22 Bab noss
23 Miu Segner, miu Diu
24 Miu Deus ei in pastur fidau (Ps 23)
25 Jau vi ludar mes Dieu
26 Fidai en novas vias
27 Diu, empeila nus, neu cun nus
28 Jesus, ti eis quel che dat fei
29 Ti eis cheu, Diu etern
30 Car sogn Spert ch'a nus legria das (canon)
31 In siemi d'in sul carstgaun (canon)
32 D'inu'l sulagl leiva (canon)
33 Stai tgeu e teidla (canon)
34 O glisch da nies Diu
35 En nossa stgira notg
36 Jesus, ta glisch
37 Miu plascher e mia speronza
38 Laudate omnes gentes
39 Laudate Dominum
40 Tui amoris ignem (Veni Sancte Spiritus)
41 Sanctus (canon)
42 Ubi caritas
43 Hagios ho Theos
44 Dieu, trametta tes Spiert
45 Kyrie eleison (Taizé)
46 Kyrie eleison (canon)
47 Kyrie eleison (ortodox)
48 Kyrie eleison (Reindorf)
49 Gloria a Dios
50 May the words
51 Alleluia
52 Dona nobis pacem (canon)
53 Per quai bun past (canon)
54 Ingrazchai a vos Dieu (canon)

Elements liturgics per il cult divin

55 Bab nos | Bap nos | Bab noss
56 Confessiun da cretta apostolica
57 ina confessiun post-apostolica (Kurt Marti)
58 Credo (Dorothee Sölle)
59 Confessiun da cretta (da l'Africa dal Sid)
66 Liturgia dalla sontga Tscheina
67 Pleds da missiun
68 Benedicziun aronita
69 Benedicziun trinitara

Elements liturgics per devoziuns

74 Uraziun

Registers

Register da las abreviaziuns
Register dals dretgs

Inhalte in anderen Sprachen
Contenu en d'autres langues

Contenuti in altre lingue
Cuntegns en autras linguas

English

- **6** Abide with me: fast falls the eventide
- **7** The day thou gavest, Lord, is ended
- **19** Thine be the glory, risen, conqu'ring Son
- **20** The Church's one foundation
- **50** May the words

- **55** The Lord's Prayer
- **56** Apostles' Creed
- **59** Declaration of faith
- **67** Dismissal
- **68** Aronic blessing
- **69** Trinitarian blessing
- **74** Prayer

Català

- **37** El Senyor és la meva força

Español

- **49** Gloria a Dios

Vorwort

Vor einigen Jahren entstand im Rat des Schweizerischen Evangelischen Kirchenbundes SEK die Idee, ein viersprachiges Gesangbuch zu erarbeiten. Unterschiedliche Vorstellungen und grosse Erwartungen waren an dieses Projekt geknüpft. Es wurden erste Schritte unternommen, Mitwirkende angefragt und eine erste Liedauswahl getroffen. Organisationelle und personellen Veränderungen, die Pandemie sowie mangelnde Ressourcen liessen dieses Vorhaben aber für einige Zeit in den Hintergrund rücken.

Ende 2022 wurde der Faden seitens der Evangelisch-reformierten Kirche Schweiz EKS wieder aufgenommen und eine Projektgruppe beauftragt, Kernlieder unserer Kirche in unseren Landessprachen und mit einheitlicher Melodie zugänglich zu machen.

Bereits die Entscheidung, welches Liedgut im Fokus stehen soll, war herausfordernd und fiel je nach Region und kirchlicher Prägung unterschiedlich aus. Die Melodien und Notensetzungen waren in den verschiedenen Gesangstraditionen zuweilen nicht kongruent. Die Übereinstimmung von musikalischen Ansprüchen, textlichen Gegebenheiten und kirchlicher Praxis musste weise abgewogen werden. Zudem galt es, nach Möglichkeit eine gendergerechte(re) Sprache zu favorisieren. Das alles war keine einfache Arbeit.

Trotzdem wollte man an der Idee festhalten, mehrheitlich bekannte Lieder in allen Landessprachen zu singen und ein Bewusstsein zu schaffen, dass wir zwar mehrsprachig singen und beten, und doch mit einer einzigen Stimme loben, bitten und danken. So entschied die Liturgiekommission mit dem Einverständnis des Rates, nicht ein Gesangbuch, sondern ein Gesangheft zu realisieren und den Liederkanon auf rund 50, mehrheitlich traditionelle Lieder zu beschränken. Die wenigen liturgischen Elemente sollten sich primär auf die häufigsten Nutzungsmöglichkeiten innerhalb der EKS konzentrieren.

Das vorliegende Heft erhebt nicht den Anspruch, vollständig zu sein, will aber einen wertvollen Beitrag zu einem mehrsprachigen Miteinander unserer Kirchengemeinschaft leisten. Es soll ein Zeichen der Einheit in Verschiedenheit setzen, die gerade beim gottesdienstlichen Feiern gelebt und befördert wird.

An dieser Stelle danken wir herzlich für die grosse Arbeit, die seitens der Arbeitsgruppe geleistet und durch zusätzliche Expertisen in den Bereichen Musik, Liturgie und Übersetzung ergänzt wurden.

con spirito – ad maiorem Dei gloriam!

Martin Schmidt
Präsident der Liturgiekommission der EKS

Préface

Il y a quelques années, l'idée de créer un recueil de chants quadrilingue a émergé au sein du Conseil de la Fédération des Églises protestantes de Suisse FEPS. Différentes visions et de grandes attentes entouraient ce projet. Les premiers jalons ont été posés, des bonnes volontés ont été sollicitées et une première sélection de psaumes et cantiques a été réalisée. Mais le projet a ensuite été relégué au second plan pendant un certain temps à cause de changements organisationnels et de personnel, de la pandémie et du manque de ressources.

Fin 2022, l' Église évangélique réformée de Suisse EERS a repris le fil et a chargé un groupe de projet de rendre chantables dans nos langues nationales certains des grands classiques de notre Église en veillant à l'unité de mélodie.

Dès le départ, le choix du répertoire s'est avéré délicat, les priorités n'étant pas les mêmes selon la région et la sensibilité ecclésiale ; de plus, pour certains chants, la mélodie et la notation ne concordent pas dans les différentes traditions musicales. Il a donc fallu trouver le bon équilibre entre exigences musicales, données textuelles et pratiques ecclésiales, et de surcroît favoriser un langage (plus) inclusif dans la mesure du possible. Un véritable défi !

Néanmoins, l'idée de départ est toujours restée celle de proposer des chants largement connus dans toutes les langues nationales, afin de montrer que nous chantons et prions certes en plusieurs langues, mais que nous faisons monter notre louange, notre intercession et notre action de grâce vers Dieu d'une seule voix. La Commission de liturgie a donc décidé, avec l'accord du Conseil, de réaliser non pas un recueil, mais un livret de psaumes et cantiques, en réduisant le florilège à une cinquantaine de titres provenant majoritairement du répertoire traditionnel. Les quelques éléments liturgiques se concentrent en priorité sur les usages les plus fréquents au sein de l'EERS.

Le livret que vous tenez entre les mains n'a aucune prétention à l'exhaustivité, mais nous espérons qu'il sera une contribution de valeur à notre vie d'Église, et qu'il sera un signe de l'unité dans la diversité que nous vivons et favorisons déjà durant nos célébrations cultuelles.

Nous remercions chaleureusement le groupe de travail qui a œuvré en faveur de ce projet, ainsi que les spécialistes de la musique, de la liturgie et de la traduction qui ont apporté leur pierre à l'édifice.

con spirito – ad maiorem Dei gloriam !

Martin Schmidt
Président de la Commission liturgie de l'EERS

Prefazione

Alcuni anni fa era sorta, in seno al Consiglio della Federazione delle Chiese evangeliche in Svizzera FCES, l'idea di compilare un innario nelle quattro lingue nazionali. Il progetto era accompagnato da diverse visioni e grandi aspettative. In breve tempo furono fatti i primi passi, vennero contattati possibili collaboratori e collaboratrici e fu redatto un primo elenco di canti. Tuttavia, cambiamenti organizzativi e di personale, la pandemia e la mancanza di risorse fecero sì che il progetto venisse, per qualche tempo, accantonato.

Alla fine del 2022, la Chiesa evangelica riformata in Svizzera CERiS ha ripreso quel progetto e ha incaricato un gruppo di lavoro di rendere disponibili gli inni principali della nostra Chiesa, aventi la medesima melodia, nelle nostre lingue nazionali.

La scelta degli inni si è subito rivelata un compito piuttosto difficile a motivo delle differenze regionali e delle diverse tradizioni ecclesiastiche. Le melodie e la notazione, nelle varie tradizioni musicali e canore, si sono rivelate spesso dissimili. Ciò ha imposto un attento e paziente lavoro di mediazione tra le diverse esigenze musicali, le sfumature testuali e la prassi ecclesiastica. È stato inoltre deciso di privilegiare, ove possibile, un linguaggio quanto più inclusivo. Il compito è stato perciò particolarmente impegnativo.

È stata tuttavia mantenuta l'idea di creare una raccolta di inni ampiamente conosciuti, in tutte le lingue nazionali, e di contribuire con ciò a creare la consapevolezza che, sebbene cantiamo e preghiamo in diverse lingue, lodiamo, preghiamo e ringraziamo con un'unica voce. La Commissione per la Liturgia ha quindi deciso, d'accordo con il Consiglio della CERiS, di realizzare una raccolta di inni e non un vero e proprio innario, e inoltre di limitare a una cinquantina il numero di canti, scegliendo tra quelli più noti e tradizionali. I pochi elementi liturgici presenti nella raccolta sono destinati, in primo luogo, a essere usati nell'ambito delle attività della CERiS.

La presente raccolta non pretende di essere completa, ma intende offrire un contributo prezioso alla compartecipazione multilingue nell'ambito della nostra comunione di chiese. Essa intende esprimere l'unità nella diversità che viene vissuta e promossa nella celebrazione del culto.

Cogliamo l'occasione, data da questa breve introduzione, per ringraziare il gruppo di lavoro per l'impegno profuso, che è stato integrato da ulteriori contributi nei settori della musica, della liturgia e della traduzione.

con spirito – ad maiorem Dei gloriam!

Martin Schmidt
Presidente della Commissione liturgica della CERiS

Prefaziun

Avant insaquants onns è sa furmada en il Cussegl da la Federaziun da las baselgias evangelicas da la Svizra FeBS l'idea d'elavurar in cudesch da chant en quatter linguas. Vi da quel project eran liadas differentas pretensiuns e grondas aspectativas. Ins ha fatg emprims pass, dumandà collavuraturs e tschernì ina emprima schelta da chanzuns. Midaments organisatorics e persunals sco er la pandemia e resursas mancantas èn dentant stads ils motivs che quest plan è vegnì mess a chantun per pli tard.

La fin da l'onn 2022 ha la Baselgia evangelica refurmada da la Svizra BERS reprendì quai plan ed ha incumbensà ina gruppa da project da far accessibel chanzuns essenzialas da nossa baselgia en nossas linguas naziunalas e cun melodia unitara.

I n'è betg stà lev da decider sin tge chanzuns ch'igl è da metter il focus causa las differenzas regiunalas e las tradiziuns ecclesiasticas. Per part n'eran las melodias e las notaziuns en las differentas tradiziuns da chant betg congruentas. Igl era d'accordar pretensiuns musicalas, texts tradiziunals e tradiziuns ecclesiasticas e da ponderar prudentamain. En pli eri, sche pussaivel, da favurisar ina lingua inclusiva. Tut quai è stà pretensius.

Tuttina han ins vulì proseguir l'idea da chantar chanzuns per buna part enconuschentas en tut las linguas naziunalas e da stgaffir ina conscienza che nus chantain ed urain bain en differentas linguas, ma che nus ludain, rugain ed engraziain cun in'unica vusch. Cun il consentiment dal Cussegl ha la Cumissiun da liturgia perquai decis da betg realisar in cudesch da chant, mabain in quadern da chant, e da sa limitar sin radund 50 chanzuns per buna part tradiziunalas. Ed ils paucs elements liturgics duain sa concentrar primarmain sin las pli numerusas pussaivladads d'utilisaziun entaifer la BERS.

Il product preschent na pretenda betg d'esser cumplet, ma el vul contribuir ina part preziusa per ina convivenza plurilinga da nossa cuminanza da baselgias. El duai metter in accent sin l'unitad en la diversitad che vegn vivida e promovida spezialmain cun celebrar il cult divin.

Nus engraziain cordialmain per la gronda lavur prestada da la gruppa da lavur e cumplettada tras expertisas supplementaras en las spartas da la musica, liturgia e traducziun.

con spirito – ad maiorem Dei gloriam!

Martin Schmidt
President da la Cumissiun da liturgia da la BERS

con spirito | Gesangheft der EKS | Livret de chants de l'EERS | Raccolta di inni della CERiS | Quadern da chant da la BERS

Zusammen singen

Die EKS ist so vielfältig wie die Schweiz. Diese Vielfalt zeigt sich nicht nur in Werthaltungen, regionalen Eigenheiten oder Stilen und Liturgieformen, sondern auch ganz prominent in den Landessprachen. Das gemeinsame Feiern hat die Kraft eines uns über diese Unterschiede hinweg einenden Bandes. Dabei zeigen sich ausgerechnet bei den Kirchenliedern grosse Unterschiede. Selbst wenn ein Lied den gleichen Ursprung hat, so sind doch die Worte und oft auch die Notensetzungen unterschiedlich. Ein Lied wie z. B. «Tochter Zion» gehört in der Deutschschweiz zum Repertoire der Adventslieder, während die gleiche Melodie in der Romandie für das bekannte Osterlied «À toi la gloire» steht. Nur wenige der bekannten Kirchenlieder sind inhaltlich und melodiös tatsächlich deckungsgleich und haben denselben Sitz im Leben.

Das gemeinsame Singen und Feiern lässt Gemeinschaft erfahren und schafft Verbundenheit: zwischen Gott und Mensch und unter uns Menschen. Damit dies gelingt, brauchen wir eine gemeinsame Basis. Eine Auswahl an Liedern und Texten zu haben, die in den verschiedenen Landessprachen mit einer Stimme und einer einheitlichen Bedeutung gesungen werden können, ist ein Meilenstein in unserem kirchlichen Feiern und unserem vielsprachigen Miteinander. Es dient dem gegenseitigen Verständnis und der Verständigung und fördert die Kirchengemeinschaft.

Das nun vorliegende Gesangheft bietet nicht nur diese Basis, sondern ist – als Ergebnis eines längeren Ringens um Wortwahl, Notensatz und Format – selbst Ausdruck eines gelungenen Verständigungsprozesses unserer Kirche. Es ist Ausdruck unserer vielfältigen Tradition und wichtiger Teil des andauernden Prozesses, aufeinander zuzugehen und einander besser verstehen zu lernen.

In diesem Sinne erhebt es keinen Anspruch auf Vollständigkeit. Es ist ein gut-schweizerischer Kompromiss, der aus der Rücksichtnahme auf verschiedene Anspruchsgruppen entstanden ist. Ich wünsche mir, dass es zu einem Weg für mehrsprachiges Singen und Beten werden kann. Wenn wir uns darauf einlassen, werden wir erfahren, dass im gemeinsamen Singen und Gebet eine Brücke zu Gott und unseren Glaubensgeschwistern entsteht.

Mein herzlicher Dank gilt all jenen, die sich über Jahre mit Herzblut und viel Fachwissen für dieses Gesangheft eingesetzt haben. Möge es ein Segen für unsere Kirchengemeinschaft werden! Möge es uns helfen, nicht nur zusammen zu singen, sondern uns zusammenzusingen.

Pfarrerin Rita Famos
Präsidentin der Evangelisch-reformierten Kirche Schweiz

Chanter ensemble

L'EERS est aussi diverse que la Suisse. Cette diversité se manifeste non seulement dans des valeurs, des spécificités régionales ou des styles et formes liturgiques, mais aussi de manière très évidente dans les langues nationales. La célébration commune à la force d'un lien capable de nous unir au-delà de ces différences. Et de grandes différences apparaissent précisément dans les cantiques. En effet, même lorsqu'un chant a une même origine, les paroles, et souvent aussi la composition sont différentes. Ainsi, en Suisse alémanique, un chant comme « Tochter Zion » fait partie du répertoire des cantiques de l'Avent, alors qu'en Suisse romande, la même mélodie est attachée au célèbre cantique de Pâques « À toi la gloire ». Parmi les cantiques connus, seuls quelques-uns sont vraiment identiques dans leur contenu et leur mélodie et sont utilisés pour les mêmes occasions.

Le chant et la célébration en commun permettent de vivre la communauté, et créent un lien aussi bien entre Dieu et les humains que parmi les humains. Mais pour cela, nous avons besoin d'une base commune. Disposer d'un choix de chants et de textes pouvant être chantés d'une même voix et avec une même signification dans les différentes langues nationales représente une étape fondamentale dans notre célébration ecclésiale et notre vivre ensemble plurilingue. Cela contribue à notre compréhension et notre entente mutuelles, et favorise la communion d'Églises.

Le présent livret de chants offre non seulement cette base, mais est lui-même, en tant que fruit d'un long travail sur le choix des mots, des compositions et des formes, l'expression d'un processus d'entente réussi au sein de notre Église. Il est l'expression de notre tradition plurielle et un élément important du processus permanent consistant à aller à la rencontre les unes, les uns des autres et à apprendre à mieux se connaître.

En ce sens, il ne prétend évidemment pas à l'exhaustivité. Il constitue un compromis bien helvétique, issu de la prise en considération de différents groupes concernés. J'espère qu'il ouvrira une voie pour chanter et prier en plusieurs langues. Si nous nous y engageons, nous ferons l'expérience que le chant et la prière en commun créent un pont vers Dieu et vers nos frères et sœurs dans la foi.

Je remercie cordialement toutes celles et tous ceux qui, pendant plusieurs années, ont mis leur passion et leur savoir au service de ce recueil de cantiques. Puisse-t-il devenir une bénédiction pour notre communion d'Églises ! Puisse-t-il nous aider non seulement à chanter ensemble, mais aussi à nous rapprocher par le chant.

Rita Famos, pasteure
Présidente de l'Église évangélique réformée de Suisse

Cantare insieme

La CERiS comprende, al proprio interno, tante sfaccettature quante ne ha la Svizzera. Questa molteplicità non si riflette solo nei valori, nelle peculiarità regionali o negli stili e nelle forme della liturgia, ma anche e soprattutto nell'uso delle lingue nazionali. Il celebrare insieme permette di ritrovare un'unità che supera queste differenze. Tuttavia, se consideriamo gli inni ecclesiastici, riscontriamo delle notevoli differenze. Anche quando un inno ha la stessa origine, il testo e la notazione sono spesso diversi. Un inno come «Tochter Zion», ad esempio, che nella Svizzera tedesca appartiene al repertorio degli inni dell'Avvento, nella Svizzera francese è noto come inno pasquale «À toi la gloire». Solo pochi degli inni più conosciuti sono, dal punto di vista del testo e della melodia, effettivamente congruenti e utilizzati nelle stesse occasioni.

Cantare e celebrare insieme permette di sperimentare concretamente il senso della comunità e crea legami: tra Dio e l'umanità e tra le persone. Perché ciò accada, è necessario avere una base comune. Una selezione di inni e testi che possono essere cantati nelle diverse lingue nazionali e che hanno un medesimo significato costituisce una base importante per le nostre celebrazioni ecclesiastiche e per la nostra convivenza multilingue. Serve alla comprensione reciproca e promuove la comunione ecclesiastica.

La presente raccolta di inni non si limita a fornire questa base, ma, essendo il risultato di un lungo lavoro di scelta delle parole, della notazione e del formato, è il prodotto di un positivo processo di ascolto e comprensione nella nostra chiesa. Essa esprime la diversità delle nostre tradizioni e costituisce un tassello importante nel processo di avvicinamento e di apprendimento reciproco.

Tale raccolta non ha la pretesa di essere completa. Si tratta piuttosto di un buon compromesso svizzero, che cerca di tenere conto di diverse esigenze. Spero vivamente che essa possa indicare un cammino comune per il canto e la preghiera in diverse lingue. Se ci avvieremo lungo questa strada, sperimenteremo che cantando e pregando insieme si costruisce un ponte con Dio e con i nostri fratelli e sorelle nella fede.

Ringrazio di cuore tutte le persone che nel corso degli anni hanno lavorato con passione e competenza alla realizzazione di questa raccolta di inni. Che questi canti possano essere una benedizione per la nostra comunità ecclesiastica, che siano uno strumento per il canto comunitario e che, cantandoli, ci facciano crescere nella comunione.

Rita Famos, pastora
Presidente della Chiesa evangelica riformata in Svizzera

Chantar ensemen

La BERS è uschè multifara sco la Svizra. Questa multifaradad na sa mussa betg be en valurs, particularitads regiunalas u stils e furmas liturgicas, mabain era tut prominent en las linguas naziunalas. Da celebrar ensemen ha dentant la forza d'unir nus sur questas differenzas ora. Ma gist tar ils chorals sa mussan grondas differenzas. Cumbain che ina chanzun ha la medema derivanza, pon ils pleds e savens era la musica esser differents. Ina chanzun sco «Tochter Zion» en la Svizra tudestga tutga tar il repertori da las chanzuns d'Advent, entant che la medema melodia appartegna en la Svizra franzosa tar l'enconuschenta chanzun da Pasca «À toi la gloire». Relativamain paucs chorals enconuschents correspundan precis cun cuntegn e melodia e vegnan chantads per las medemas occaisuns.

Il chantar e celebrar ensemen fa resentir cuminanza e stgaffescha colliaziun: tranter Dieu e l'uman, e tranter nus umans. Per che quai gartegia, avain nus basegn d'ina basa cuminaivla: ina schelta da chanzuns e da texts che pon vegnir chantads en las differentas linguas naziunalas cun ina vusch e cun ina significaziun unitara. Quai è ina cumponenta impurtanta per nossas festas ecclesiasticas e nossa convivenza plurilinga. I serva a la chapientscha vicendaivla e promova la cuminanza da baselgias.

Il quadern da chant preschent na porscha betg mo questa basa. Sco resultat d'in lung process per chattar ils dretgs pleds, las notas ed il format, è el sez l'expressiun d'ina cunvegnientscha gartegiada da nossa baselgia. Igl è l'expressiun da nossa tradiziun multifara ed ina part impurtanta d'in process permanent da s'avischinar ed emprender da chapir meglier in l'auter.

En quest senn na pretenda el naturalmain betg d'esser cumplet. El è in bun cumpromiss svizzer, ch'è naschì dal resguard sin differentas gruppas e basegns. E jau ma giavisch ch'el possia daventar ina via per il chantar ed urar en pliras linguas. Sche nus ans laschain en sin quai, vegnin nus a far l'experientscha che cun chantar ed urar ensemen i sa furma ina punt vers Dieu e vers noss fragliuns da cretta.

Mes cordial engraziament va a tuts ch'èn s'engaschads sur onns cun tutt'energia e blera enconuschientscha professiunala per quest cudesch da chant. Ch'el daventia ina benedicziun per nossa cuminanza da baselgias! Ch'el ans gidia, na be da chantar ensemen, mabain era d'ans unir cun chantar.

Reverendessa Rita Famos
Presidenta da la Baselgia evangelica refurmada da la Svizra

Gesänge

Chants

Canti

Chanzuns

Hoch hebt den Herrn mein Herz und meine Seele
Jeu benedeschel Diu e giubileschel

Musik
- M Guillaume Franc 1542 | Loys Bourgeois 1551, GENFER PSALM 8
- S Claude Goudimel 1564/1565 | PCT 1976 | Alain Mabit 1994

Text
- D Fritz Enderlin 1952, nach dem Lobgesang der Maria («Magnificat») Lukas 1,46–55
- R Andri Casanova (2023), tenor il Chant da Maria («Magnificat») Lucas 1,46–55

D

2 Er hat auf meine Niedrigkeit gesehen, / und grosse Dinge sind an mir geschehen. / Barmherzig ist er jeglichem Geschlecht, / das Ehrfurcht kennt und wahrt sein heilig Recht.

3 Gewaltige stösst er von ihren Thronen; / wer niedrig stand, darf hoch in Ehren wohnen. / Die Reichen lässt er leer im Überfluss, / macht Arme reich, macht satt, wer darben muss.

4 Er denkt wohl der Barmherzigkeit und Güte, / dass er die Seinen väterlich behüte. / Wie er verhiess: Sein Volk, sein Eigentum / bleibt ewiglich zu seines Namens Ruhm.

R Sursilvan

2 Jeu vegn numnada da cheu la beada, / pertgei a mi ei gronda grazia dada. / Sogns ei il num da Diu, il tutpussent, / misericordia fa el cul cartent.

3 Ils pussents ha'l derschiu dils trons custeivels / ed ha alzau tut ils humiliteivels. / El ha gidau grondius ils fomentai, / ferton che ils rehs cun mauns vits ein stai.

4 Sia grazia ad Israel el porscha, / sco el ha empermess en sia lescha, / ad Abraham ed a tut ses affons: / En Diu salvader, en el ha tut funs.

J'exalte Dieu et chante d'allégresse
L'anima mia magnifica il Signore

1

Musique

M   Guillaume Franc 1542 | Loys Bourgeois 1551, Psaume 8 de Genève

H   Claude Goudimel 1564/1565 | PCT 1976 | Alain Mabit 1994

Texte

F   Bénédict Pictet 1705 | Pierre Vallotton 1975, d'après le Cantique de Marie (« Magnificat ») Luc 1,46–55

I   Anna Belli (2023), secondo il Cantico di Maria («Magnificat») Luca 1,46–55

F

2 Le Tout-puissant pour moi fit des merveilles. / Saint est son nom : son amour toujours veille. / Son bras puissant toujours est déployé / Sur ceux qui font sa sainte volonté.

3 Il dispersa les pensées orgueilleuses ; / Il détrôna les forces vaniteuses. / Il éleva le pauvre et le nourrit ; / Il renvoya le riche, il l'appauvrit.

4 Pour Israël, Dieu garde sa tendresse ; / Il le secourt, fidèle à sa promesse : / Pour Abraham et pour ses descendants, / Dieu est Sauveur jusqu'à la fin des temps.

I

2 in me gran cose ha fatto il Potente / che sa disperder la superba gente; / la sua misericordia scenderà / su tutti quelli che lo temeran.

3 Ed i potenti dai lor troni scalza; / gli umili, invece, il Signor innalza; / agli affamati, ogni bene dà; / i ricchi, manda via a vuote man.

4 Ed Israele, il suo servitore, / egli ha soccorso, mosso dall'amore, / dalla promessa, fatta ad Abraam, / di custodirlo per l'eternità.

O Höchster, deine Gütigkeit (Ps 36)
O Segner, tia grond' buntà (Ps 36)

Musik

M Strasbourg 1526 (Matthias Greiter 1525?) | Guillaume Franc 1542, GENFER PSALM 36

S Claude Goudimel 1564/1565 | RG 1998

Text

D Johannes Stapfer 1775, Matthias Jorissen (1793) 1798 und Johann Jakob Spreng 1741 | SH 1841 | ZH 1886 | GTM, nach Psalm 36

R Gion Gaudenz (1966) 1977, tenor «O Höchster! deine Gütigkeit» da SH 1841, tenor Psalm 36

D

2 O Herr, du bist des Lebens Quell; / in deinem Licht nur wird uns hell / das Dunkel in dem Leben. / Du Gott voll Gnade, voll Geduld, / erzeigest allen deine Huld, / die hier auf Erden leben. / Wie reich an Gnaden bist doch du: / Du gibst den Menschenkindern Ruh / im Schatten deiner Flügel; / du sättigst sie mit Überfluss; / es strömt dein milder Segensguss / herab auf Tal und Hügel.

R Vallader

2 Dà'ns l'aua frais-cha da teis pled; / quella funtana da dalet / ans main'in tia chasa. / Tras tai sulet vzain nus la glüm, / tras tai pür svainta la s-chürdüm, / e pasch pertuot as rasa. / O spordscha, Segner, ta buntà, / teis dret, ta spranza, ta vardà / a tuot ils cours crettaivels. / Ils mals da tai vegnan balchats / e tuots gronders ün di pradats. / Sulets nus eschan flaivels.

Ô Seigneur, ta fidélité (Ps 36)
Del mio Signor la carità (Sal 36)

Ô Sei-gneur, ta fi-dé-li-té Rem-plit les cieux et ta bon-té Dé-pas-se tou-te ci-me.
Del mio Si-gnor la ca-ri-tà s'er-ge so-vra-na in o-gni e-tà sui ver-ti-ci del mon-do.

Ta jus-tice est pa-reille aux monts, Tes ju-ge-ments sont plus pro-fonds Que le plus grand a-bî-me.
Ed i giu-di-zi ch'E-gli dà nes-sun fra gli uo-mi-ni po-trà scru-ta-re nel pro-fon-do.

De la puis-san-ce du né-ant Tu veux sau-ver tous les vi-vants, Tou-te chair, tou-te ra-ce ;
All' u-ni-ver-so fa sa-per la sua gran-dez-za, il suo po-ter sui po-po-li e le gen-ti.

Les hom-mes se ras-sem-ble-ront Au-tour de toi, ils trou-ve-ront Leur paix de-vant ta fa-ce.
Dall' al-ta e prov-vi-da sua man la vi-ta e il ci-bo sem-pre a-vran le stir-pi dei vi-ven-ti.

Musique

M Strasbourg 1526 (Matthias Greiter 1525 ?) | Guillaume Franc 1542, Psaume 36 de Genève

H Claude Goudimel 1564/1565 | RG 1998

Texte

F Clément Marot 1542 | Roger Chapal 1970 | ALL 2005, d'après le Psaume 36

I Ferrucio Corsani (1951?) | S&C 1961 | INN 1969 | INN 2000, dal Salmo 36

F

2 Que précieux est ton amour ! / Dans ta demeure, nuit et jour, / La table est toujours prête ; / Et tu nourris ceux qui ont faim / De l'abondance de tes biens / En un repas de fête. / Ta joie est comme un flot puissant ; / À la fraîcheur de ce torrent / Nos cœurs se désaltèrent. / La source de vie est en toi, / Par ta lumière l'homme voit / Triompher la lumière.

I

2 Quanto preziosa, o sommo Re, / è la pietà che vien da Te / per tutti i tuoi fedeli! / Se nell'angoscia e nel terror / scampo cerchiamo in Te, Signor, / il tuo poter ci sveli. / Spandi su noi la tua bontà, / dissipa dubbi e oscurità / che ognor ci fan cadere. / Fa' la tua chiesa in te sperar: / sappia ubbidiente vigilar / compiendo il tuo volere.

Nun jauchzt dem Herren, alle Welt (Ps 100)
Uss giubilei al tutpussent (Ps 100)

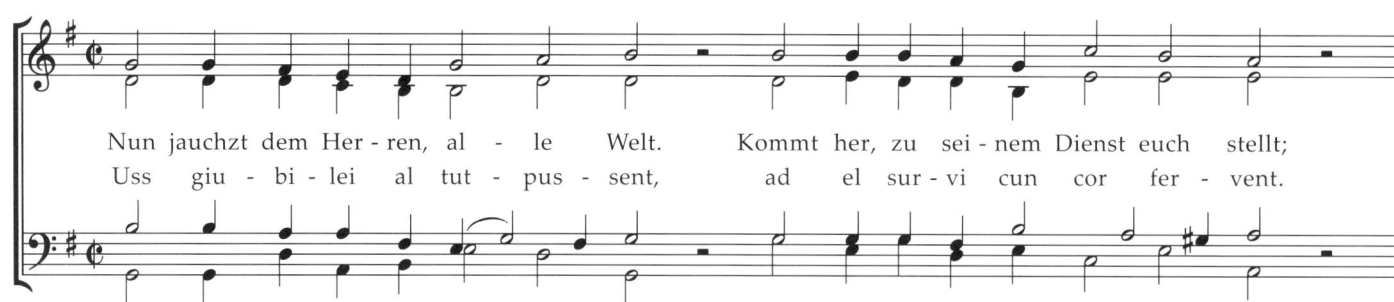

Nun jauchzt dem Her-ren, al - le Welt. Kommt her, zu sei-nem Dienst euch stellt;
Uss giu - bi - lei al tut - pus - sent, ad el sur - vi cun cor fer - vent.

kommt mit Froh-lo-cken, säu-met nicht; kommt vor sein hei-lig An-ge-sicht.
Von si - a fa - tscha tuts ve - gni, dond laud ad el er en quei gi.

Musik
- M Loys Bourgeois 1551, Genfer Psalm 134
- S Claude Goudimel 1564/1565 | RG 1998

Text
- D Cornelius Becker 1602 | David Denicke 1646 (Str. 1–4), nach Psalm 100; Lüneburg 1652 (Str. 5)
- R Ulrich Caflisch 1989 (str. 1–4), tenor Psalm 100; Imelda Coray-Monn 1982 (str. 5)

D

2 Erkennt, dass Gott ist unser Herr, / der uns erschaffen ihm zur Ehr / und nicht wir selbst: Durch Gottes Gnad / ein jeder Mensch sein Leben hat.

3 Wie reich hat uns der Herr bedacht, / der uns zu seinem Volk gemacht. / Als guter Hirt ist er bereit, / zu führen uns auf seine Weid.

4 Er ist voll Güt und Freundlichkeit, / voll Lieb und Treu zu jeder Zeit. / Sein Gnad währt immer dort und hier / und seine Wahrheit für und für.

5 Gott Vater in dem höchsten Thron / und Jesus Christus, seinem Sohn, / dem Tröster auch, dem Heilgen Geist, / sei immerdar Lob, Ehr und Preis.

R Sursilvan

2 Vegni pertscharts: Mo el ei «Diu». / El nossa veta ha scaffiu. / Ses essan nus, ad el s'udin, / ord sia grazia nus vivin.

3 Sco pievel siu el ha clamau / er nus signai da bia puccau. / El meina nus sco bien pastur, / nus fleivels port'el cun vigur.

4 Perquei el tempel siu entrei, / ad el cantei ed engraziei. / Resplenda gie la sia buontad / uss ed en tutt'eternitad.

5 Laud sei al Bab, il creatur, / e laud al Fegl liberatur; / al Spert che a nus veta dat / laud uss ed en eternitad.

Vous tous qui la terre habitez (Ps 100)
Il mondo lodi il Creator (Sal 100)

3

Vous tous qui la terre ha-bi-tez, Chan-tez à vo-tre Dieu, chan-tez !
Il mon-do lo-di_il Cre-a-tor e voi, suoi fi-gli, con ar-dor

Ve-nez à lui pour le ser-vir, Et de tout cœur vous ré-jou-ir.
ser-vi-te_Id-di-o sen-za fin strin-gen-do-vi a Lui vi-cin.

Musique

M Loys Bourgeois 1551, Psaume 134 de Genève

H Claude Goudimel 1564/1565 | RG 1998

Texte

F Théodore de Bèze 1562 | Edmond Pidoux 1976 (str. 1–3), Théodore de Bèze 1562 | Roger Chapal 1970 (str. 4), d'après Psaume 100 ; CEV 1885 | PCT 1976 | GTM (str. 5)

I Erich Dahlgrün e Paolo Lucchesi (str. 1 + 2 + 4), Anna Belli 2010 (str. 3), dal Salmo 100; T. Balma (str. 5)

F

2 Sachez qu'il est le Dieu très-haut, / Et nous, son peuple et son troupeau. / Il nous créa pour être à lui : / Sa main nous garde et nous conduit.

3 Venez à lui, chantez son nom, / Célébrez-le dans sa maison, / Car sa bonté ne finit point / Et d'âge en âge il nous maintient.

4 Pour toi, Seigneur, que notre amour / Se renouvelle chaque jour ; / Ta bonté, ta fidélité / Demeurent pour l'éternité.

5 Louange et gloire au Créateur, / À Jésus-Christ, Libérateur, / Au Saint-Esprit, Consolateur, / Louange et gloire au Dieu Sauveur !

I

2 Che Dio per noi è il Signor / riconoscete!_ _Al suo onor / la nostra vita ci donò, / per sola grazia ci salvò.

3 Lungimirante, il Signor / è del suo popol Buon Pastor: / a prati_erbosi sa guidar / ed acque fresche sa trovar.

4 È sempre ricco di bontà, / d'amore e di fedeltà, / d'eterna grazia per noi qui, / di verità che non ha fin.

5 Al Padre_Eterno, Creator, / al Figlio, nostro Redentor, / al Santo spirto, Consiglier, / gloria, gloria_all'eterno Ver!

Nun saget Dank und lobt den Herren (Ps 118)
Scudün Dieu lod'e celebrescha (Ps 118)

4

Nun sa-get Dank und lobt den Her-ren, denn gross ist sei-ne Freund-lich-keit, und sei-ne Gnad und
Scu-dün Dieu lod' e ce-le-bre-scha per-che cha si a grand' bun-ted e gra-zcha mê nu's

Gü- te wäh- ren von E-wig-keit zu E-wig-keit. Du, Got-tes Volk, sollst es ver-kün- den: Gross ist des
schmi-nu-e-scha, ma dür' in tuott' e-ter-ni-ted. Eau'm vögl fi-der in ta pus-saun-za, per vi cha

Herrn Barm-her-zig-keit; er will sich selbst mit uns ver-bün-den und wird uns tra-gen durch die Zeit.
tü am hest ta-dlo, per vi cha tü am dest spen-draun-za, zie-va m'a-vair bain greiv vi-sdo.

Musik
M Guillaume Franc 1543 | Loys Bourgeois 1547, GENFER PSALM 118
S Claude Goudimel 1564/1565 | PCT 1976

Text
D Ambrosius Lobwasser 1573 | Fritz Enderlin 1952, nach Psalm 118
R Lurainz Wietzel 1661 | Gion Gaudenz (1974) 1977, tenor Psalm 118

D

2 In meiner Angst rief ich zum Herren, / da ich nicht Trost noch Hilfe fand; / der Herr erhörte mein Begehren / und reichte mir die Helferhand. / Ich steh in seiner Macht und Gnade, / darf unter seinen Flügeln ruhn. / Wen Gott beschützt, den rührt kein Schade; / was können mir auch Menschen tun?

3 Er, der da kommt in Gottes Namen, / sei hochgelobt zu jeder Zeit. / Gesegnet seid ihr allzusammen, / die ihr von Gottes Hause seid. / Nun saget Dank und lobt den Herren, / denn gross ist seine Freundlichkeit, / und seine Gnad und Güte währen / von Ewigkeit zu Ewigkeit.

R Puter

2 Dieu tuotpussaunt voul ster adüna / da mia vart ed am güder. / Schi che dess eau avair schmurdüna / da que ch'umauns a me paun fer? / Quist es bain tschert quel di cha'l Segner / ho svessa fat e stabilieu. / Da que da bun ans pudains tegner, / fer festa e luder nos Dieu.

3 La mort nu'm vain uoss'a surprender, / perche in vita restaro. / Ingrazchamaint a Dieu vögl render / e sieus miraculs quintaro: / La peidra steda lönch sbütteda / e tgnida per ün crap poch bun, / in sia chesa es dvanteda / la prüma peidra da chantun.

Célébrez Dieu, rendez-lui grâce (Ps 118)
A Dio rendete onore e gloria (Sal 118)

4

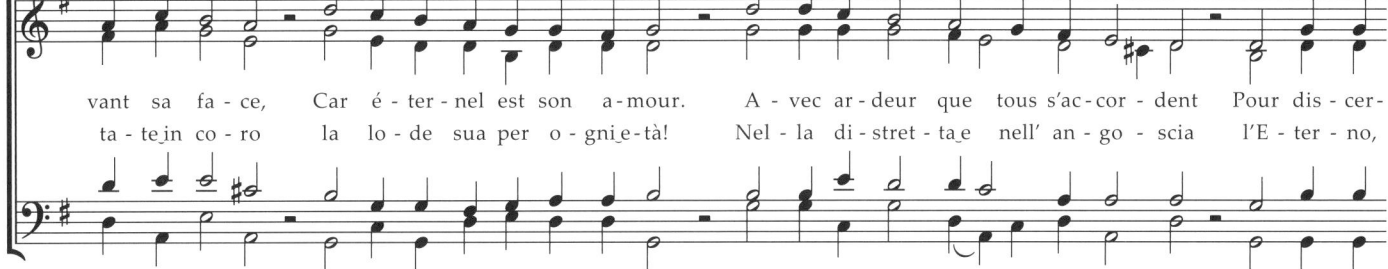

Musique

M   Guillaume Franc 1543 | Loys Bourgeois 1547, Psaume 118 de Genève

H   Claude Goudimel 1564/1565 | PCT 1976

Texte

F   Clément Marot 1543 | Roger Chapal 1970, d'après Psaume 118

I   Emanuele Fiume 1999, dal Salmo 118

F

2 Je l'ai prié dans ma détresse, / Et le Seigneur m'a exaucé, / Mettant sa force en ma faiblesse, / Sa paix dans mon cœur angoissé. / À mes côtés le Seigneur veille : / Comment de l'homme aurais-je peur ? / Jamais le Seigneur ne sommeille : / J'avancerai d'un pas vainqueur.

3 La voici, l'heureuse journée / Qui répond à son grand désir. / Louons Dieu qui nous l'a donnée / Et qu'elle soit notre plaisir ! / Béni soit celui qui s'avance / Au nom du Seigneur en ce jour ; / Il vient pour notre délivrance, / Car éternel est son amour !

I

2 In Lui sol trovo il mio rifugio, / in Lui salvezza e vita avrò. / Egli soltanto è Dio, fedele, / sol Egli grazia mi donò. / No, non confido nei potenti! / Confido solo nel Signor / ché, nella lotta dolorosa, / Egli m'ha reso vincitor.

3 Tu sei il Signore ch'io adoro; / Te sol per sempre loderò. / Tu sei il Signore ch'io onoro; / Te sol per sempre esalterò. / A Dio rendete onore e gloria / per la sua eterna gran bontà! / Popoli suoi, cantate in coro / la lode sua per ogni età!

con spirito | Gesangheft der EKS | Livret de chants de l'EERS | Raccolta di inni della CERiS | Quadern da chant da la BERS

Mein ganzes Herz erhebet dich (Ps 138)   5
Eau t'lod, o Dieu, da tuot mieu cour (Ps 138)

Musik

M   Paris 1530 (weltlich) | Guillaume Franc 1543 | Bourgeois 1547/1551, Genfer Psalm 138

S   Claude Goudimel 1564/1565 | RG 1998

Text

D   Johann Jakob Spreng 1741, Johannes Stapfer 1775, Matthias Jorissen (1793) 1798, SH 1841 und ZH 1886 | PB 1941 | EGB 1972 | RG 1998, nach Psalm 138

R   Gion Gaudenz (1972) 1977, tenor Psalm 138

D

2 Dein Name, Herr, ist unser Hort; / du hast dein Wort / an mir erfüllet; / du hast auf mein Gebet gemerkt / und mich gestärkt, / mein Herz gestillet. / Die Völker werden preisen dich / und Mächt'ge sich / zu dir hin kehren, / wenn sie das Wort vom ewgen Bund / aus deinem Mund / verkünden hören.

3 Herr, ob den Himmeln thronst du hoch / und siehest doch / die Tiefgebeugten. / In Angst und Widerwärtigkeit / wird mir allzeit / dein Antlitz leuchten. / Mach mich von allem Elend frei; / denn deine Treu / wird niemals enden. / Du wirst nach deinem ewgen Rat, / Herr, gross an Tat, / dein Werk vollenden.

R Puter

2 Cha tieu pled es sgür e tschert, / cler ed aviert, / que perdütteschast. / Sch'eau clam, schi'm taidlast tü, o Dieu, / ed il cour mieu / cun que guareschast. / Il di beo, quel ho da gnir, / cur s'fo udir / in tuottas terras / ün lod unanim e'l röv ferm / da metter term / a tuottas guerras.

3 Eir sch'eau sun miser pel mumaint, / stramantamaint / am do fastidi, / ta cumpaschiun nu vain al main, / tü mettast frain / a tuot cuntredi. / Nos bap, tü'ns perast zuond dalöntsch, / ma odast chöntsch / a quels chi uran. / Sch'eir ans fo temma mel e mort, / schi tieu cuffort, / ta glüsch perdüran.

Que tout mon cœur soit dans mon chant (Ps 138)
O Re dei re che nel mio cuor (Sal 138)

5

Musique

M Paris 1530 (profane) | Guillaume Franc 1543 | Bourgeois 1547/1551, Psaume 138 de Genève

H Claude Goudimel 1564/1565 | RG 1998

Texte

F Clément Marot 1543 | Roger Chapal 1970, d'après Psaume 138

I Stanislao Bianciardi 1887 | S&C 1961 | INN 2000, dal Salmo 138

F

2 Tu me réponds dès que je crie ; / Tu élargis / Mon espérance. / Même les grands t'écouteront / Et béniront / Ta providence. / Ton saint amour, ô Roi des cieux, / Veille en tous lieux / Sur toutes choses. / Dans ses projets tu suis des yeux / L'homme orgueilleux : / Tu en disposes.

3 Ta paix, mon Dieu, dure à toujours, / C'est ton amour / Qui me délivre. / Quand je suis le plus éprouvé, / Ton bras levé / Me fait revivre ; / Et quand je suis au désespoir, / C'est ton pouvoir / Qui me relève. / Ce qu'il t'a plu de commencer / Sans se lasser / Ta main l'achève.

I

2 Tu_il mio pregar odi, Signor, / mantenitor / d'ogni promessa; / chè se_a Te par mio vero ben, / la grazia vien / a me concessa. / O Creator, che di lassù, / tra noi quaggiù / scorgi_ogni cosa, / Tu puoi sembrar da noi lontan, / ma la tua man / su noi si posa.

3 Dolce_al mio cuor d'affanii pien / tua voce vien / e_a Te m'invita; / debole son, non ho vigor, / ma dal tuo_amor / ricevo vita. / Concedi_a me per tua bontà / la volontà, / sol vero Dio, / di confessar, con lieto zel, / che_ _il re del ciel / è_il Padre mio.

Bleib bei mir, Herr! Der Abend bricht herein
Sta ti tar mai! Il di è per finir

6

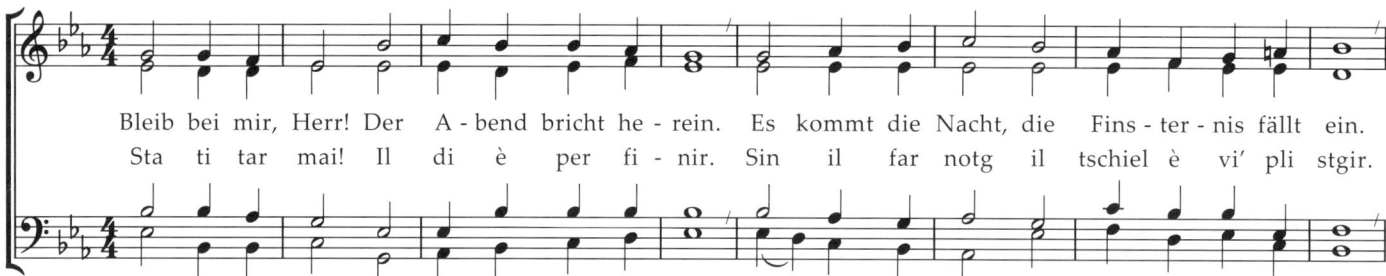

Bleib bei mir, Herr! Der A-bend bricht he-rein. Es kommt die Nacht, die Fins-ter-nis fällt ein.
Sta ti tar mai! Il di è per fi-nir. Sin il far notg il tschiel è vi' pli stgir.

Wo fänd ich Trost, wärst du, mein Gott, nicht hier? Hilf dem, der hilf-los ist: Herr, bleib bei mir!
Tgi po gi-dar? Jau vi ru-gar per quai: Spen-dra-der, gid' a tuts! Sta ti tar mai!

Musik

M William Henry Monk 1861, Eventide
S William Henry Monk 1861 | RG 1998

Text

D Stockholm 1925 | Theodor Werner 1952, nach «Abide with me» von Henry Francis Lyte 1847, nach Lukas 24,29
R Hans-Peter Schreich-Stuppan (2023), tenor «Abide with me» da Henry Francis Lyte 1847, tenor Lucas 24,29

D

2 Wie bald verebbt der Tag, das Leben weicht, / die Lust verglimmt, der Erdenruhm verbleicht; / umringt von Fall und Wandel leben wir. / Unwandelbar bist du: Herr, bleib bei mir!

3 Ich brauch zu jeder Stund dein Nahesein, / denn des Versuchers Macht brichst du allein. / Wer hilft mir sonst, wenn ich den Halt verlier? / In Licht und Dunkelheit, Herr, bleib bei mir!

4 Von deiner Hand geführt, fürcht ich kein Leid, / kein Unglück, keiner Trübsal Bitterkeit. / Was ist der Tod, bist du mir Schild und Zier? / Den Stachel nimmst du ihm: Herr, bleib bei mir!

5 Halt mir dein Kreuz vor, wenn mein Auge bricht; / im Todesdunkel bleibe du mein Licht. / Es tagt, die Schatten fliehn, ich geh zu dir. / Im Leben und im Tod, Herr, bleib bei mir!

R Rumantsch grischun

2 I pass'in di, quest di na turna pli. / Bler cumenzà nus vain, pauc è finì. / Vain bler emprais. Tge resta senza tai? / Adin'es ti'l medem. Sta ti tar mai!

3 Da tia preschientscha hai jau fitg basegn, / per semper poss far quint cun tes sustegn. / Tgi poss clamar, en tgi met jau la fai? / Ti es mes Segner char! Sta ti tar mai!

4 Manà da tai, na tema nagin led, / en stgiras vals er betg na sun sulet. / Tge è la mort? En tia forz' jau crai! / Ti sas bain far tut nov! Sta ti tar mai!

5 Cur ser mes egls guardond sin tia crusch, / jau bram d'udir tuttina tia vusch. / I chatsch' il di, vegn cler, jau stun cun fai. / Ta spetg en vit'e mort. Sta ti tar mai!

Reste avec nous, Seigneur, le jour décline
Resta con me, Signore, il dì declina

6

Reste a-vec nous, Sei-gneur, le jour dé-cli-ne, La nuit s'ap-proche et nous me-na-ce tous ;
Re-sta con me, Si-gno-re, il dì de-cli-na: fu-ga l'an-go-scia che m'op-pri-me il cuor!

Mais près de toi toute om-bre s'il-lu-mi-ne : Reste a-vec nous, Sei-gneur, reste a-vec nous !
Re-sta con me, la not-te s'av-vi-ci-na, re-sta con me, pie-to-so Re-den-tor.

Musique

M William Henry Monk 1861, Eventide
H William Henry Monk 1861 | RG 1998

Texte

F Jacques-François Chaponnière 1881 (str. 1), Richard Paquier 1976 (str. 2+3+5), Jacques-François Chaponnière 1881 | Yves Kéler 2012 (str. 4), d'après « Abide with me » de Henry Francis Lyte 1847, d'après Luc 24,29

I Giovanni Rostagno (prima del 1945) 1969, secondo «Abide with me» di Henry Francis Lyte 1847, secondo Luca 24,29

F

2 Le temps s'enfuit et sans retour s'écoule, / Et vers la mort son cours emporte tout. / Quand, sous nos yeux, tout chancelle et s'écroule ; / Reste avec nous, Seigneur, reste avec nous !

3 Jour après jour, il nous faut ta présence / Pour nous garder du mal et de ses coups. / Seuls, loin de toi, nous sommes sans défense, / Reste avec nous, Seigneur, reste avec nous !

4 Sous ton regard la joie est sainte et bonne, / Près de ton cœur les pleurs se font plus doux ; / Soit que ta main nous frappe ou nous couronne, / Reste avec nous, Seigneur, reste avec nous !

5 Rassure-nous à notre dernière heure, / Que notre foi soit ferme jusqu'au bout ! / Pour nous conduire au seuil de ta demeure, / Reste avec nous, Seigneur, reste avec nous !

I

2 Aspro è il sentier che fino a Te conduce, / debole sono, forte è il tentator: / vincer vorrei, ma il mondo mi seduce, / resta con me, pietoso Redentor.

3 Presso la croce tutto è calma e pace, / è dolce pure insiem con Te, il dolor; / ogni sospiro, a Te vicino, tace; / resta con me, pietoso Redentor.

4 In questa oscura valle un dì smarrita / l'anima mia non Ti seguiva ancor; / ma Tu venisti a darle pace e vita, / resta con me, pietoso Redentor.

5 Ed ora in Te soltanto credo e spero, / in Te soltanto vivo, o mio Signor; / dolce è il tuo amor, il giogo tuo leggero, / resta con me, pietoso Redentor.

Abide with me: fast falls the eventide

6

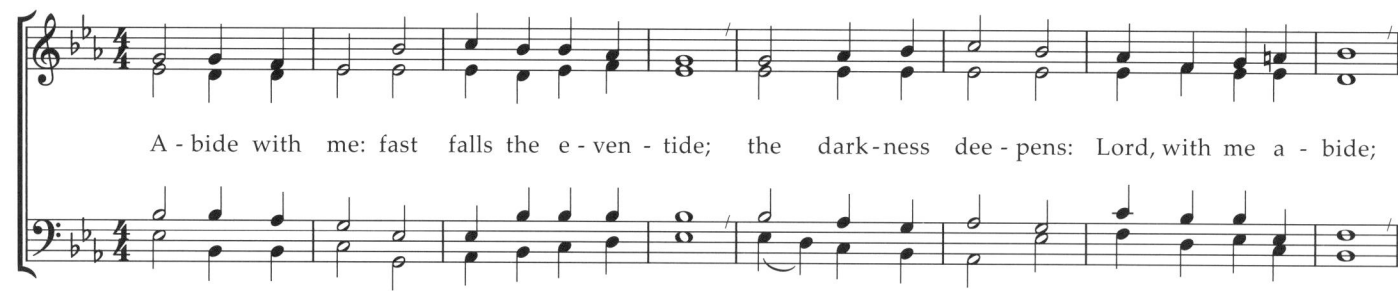

E

Music
T William Henry Monk 1861, Eventide
S William Henry Monk 1861 | RG 1998

Text
E Henry Francis Lyte 1847 after Luke 24,29

2 Swift to its close ebbs out life's little day; / earth's joys grow dim; its glories pass away; / change and decay in all around I see; / O thou who changest not, abide with me.

3 I need thy presence ev'ry passing hour; / what but thy grace can foil the tempter's pow'r? / Who like thyself my guide and stay can be? / Through cloud and sunshine, Lord, abide with me.

4 I fear no foe, with thee at hand to bless; / ills have no weight, and tears no bitterness. / Where is death's sting? Where grave thy victory? / I triumph still, if thou abide with me.

5 Hold thou thy cross before my closing eyes; / shine through the gloom, and point me to the skies; / heav'n's morning breaks, and earth's vain shadows flee; / in life, in death. O Lord, abide with me.

The day thou gavest, Lord, is ended

The day thou gavest, Lord, is ended, the darkness falls at thy behest;

to thee our morning hymns ascended, thy praise shall sanctify our rest.

Music
T Clement Cotterill Scholefield 1874, ST CLEMENT
S Clement Cotterill Scholefield 1874

Text
E John Ellerton 1870/1871 | HAM 2013

E

2 We thank thee that thy Church unsleeping, / while earth rolls onward into light, / through all the world her watch is keeping, / and rests not now by day or night.

3 As o'er each continent and island / the dawn leads on another day, / the voice of prayer is never silent, / nor dies the strain of praise away.

4 The sun that bids us rest is waking / our brethren 'neath the western sky, / and hour by hour fresh lips are making / thy wondrous doings heard on high.

5 So be it, Lord: thy throne shall never, / like earth's proud empires, pass away; / thy kingdom stands, and grows for ever, / till all thy creatures own thy sway.

Der Tag, mein Gott, ist nun vergangen
Il gi, miu Diu, svanesch'en prescha

7

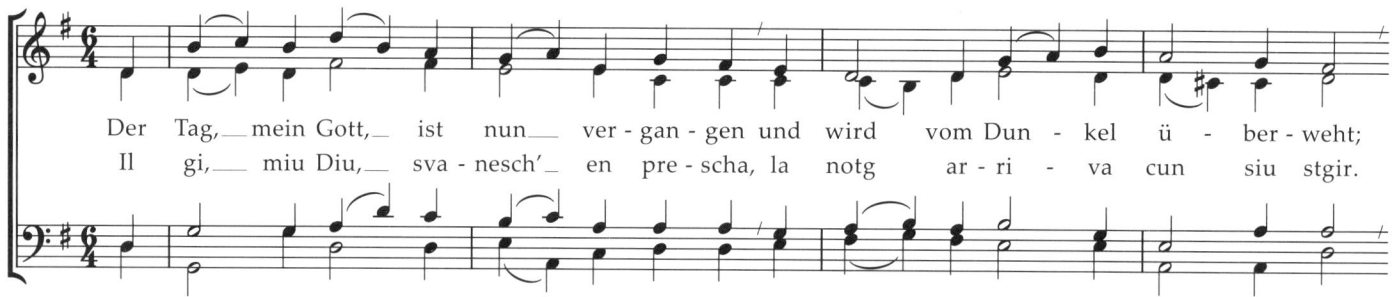

Musik

M Clement Cotterill Scholefield 1874, St Clement

S Clement Cotterill Scholefield 1874

Text

D Gerhard Valentin 1964 | RG 1998, nach «The day thou gavest, Lord, is ended» von John Ellerton 1870/1871

R Jacob Pfister (2021), tenor «The day thou gavest, Lord, is ended» da John Ellerton 1870/1871

D

2 Die Erde rollt dem Tag entgegen, / wir ruhen aus in deiner Hut / und danken dir, wenn wir uns legen, / dass deine Kirche nimmer ruht;

3 denn unermüdlich, wie der Schimmer / des Morgens um die Erde geht, / ist immer ein Gebet und immer / ein Loblied wach, das vor dir steht.

4 Die Sonne, die uns sinkt, bringt drüben / den Menschen überm Meer das Licht; / und immer wird ein Mund sich üben, / der Dank für deine Taten spricht.

5 So sei es, Herr: Die Reiche fallen, / dein Thron allein wird nicht zerstört; / dein Reich besteht und wächst, bis allen / dein grosser, neuer Tag gehört.

R Sursilvan

2 La tiara viers damaun semeina / e nus astgein en pasch durmir. / Baselgia tia dierma maina, / per nus refugi zun segir.

3 Sil mund zanu'il gi splendura, / entuorn il mund va siu glischar. / Aschia dapertut ins ura, / cun cant ins vul Diu honorar.

4 Il clar sulegl che nus banduna / da l'autra vart vegn a glischar. / E cun siu clar in cant resuna / che vul a ti, Diu, engraziar.

5 Gl'imperi da quest mund declina, / tiu tron, quel vegn mai a curdar. / Tiu reginavel rest'adina, / sil gi etern lein selegrar.

À l'horizon, le jour s'éloigne
Il giorno, Dio, è passato

7

Musique

M Clement Cotterill Scholefield 1874, St Clement

H Clement Cotterill Scholefield 1874

Texte

F d'après Hermann Ecuyer 1930 (str. 1–4), Hélène Küng (2023) (str. 5), d'après « The day thou gavest, Lord, is ended » de John Ellerton 1870/1871

I Anna Belli 2010, secondo «Der Tag, mein Gott, ist nun vergangen» di Gerhard Valentin 1964, secondo «The day thou gavest, Lord, is ended» di John Ellerton 1870/1871

F

2 Seigneur, tandis que notre terre / Poursuit sa course dans les cieux, / Toujours l'Église, à ta lumière, / Est vigilante en quelque lieu.

3 Puisqu'à chaque heure avec l'aurore, / Le soleil luit sur un sommet, / La voix qui te prie et t'adore, / Seigneur, ne se taira jamais.

4 Quand je repose, d'autres veillent, / À l'Occident, sous ta clarté, / Et, chantant bien haut tes merveilles, / Ne cessent pas de t'exalter.

5 Partout les règnes vains se suivent, / Laissant les peuples dans la nuit. / Seul ton Royaume, graine vive, / Fait voir déjà ton Jour qui luit.

I

2 La Terra ruota incontro al giorno; / noi, nella notte, riposiam; / ti ringraziam ché, intanto, attorno / la tu-a Chiesa veglierà.

3 E senza posa, il chiarore / dell'alba intorno al mondo va; / così preghiera a te, Signore, / ed inno sempre s'alzerà.

4 Il sole che discende, luce / dà agli umani oltre il mar; / qualcuno sempre riproduce / un inno, per te ringraziar.

5 I regni cadon, qui intorno, / Signor, e solo resterà / il regno tu-o, finché il giorno / su tutti noi risplenderà.

Der Mond ist aufgegangen
La glüna es alveda

8

Der Mond ist auf-ge-gan-gen, die gold-nen Stern-lein pran-gen am Him-mel hell und klar. Der Wald steht schwarz und schwei-get, und aus den Wie-sen stei-get der weis-se Ne-bel wun-der-bar.

La glü-na es al-ve-da, da stai-las ün' ar-me-da as vez-za vi al tschêl. Il god es nair e ta-scha, e sur ils pros ra-va-scha la tschie-ra al-va scu'n zin-del.

Musik
M Johann Abraham Peter Schulz 1790
S Max Reger 1900 | EG 1993

Text
D Matthias Claudius (1778) 1779
R Gion Gaudenz (1971) 1977, tenor «Der Mond ist aufgegangen» da Matthias Claudius (1778) 1779

D

2 Gott, lass uns dein Heil schauen, / auf nichts Vergänglichs trauen, / nicht Eitelkeit uns freun; / lass uns einfältig werden / und vor dir hier auf Erden / wie Kinder fromm und fröhlich sein.

3 So legt euch denn, ihr Brüder, / in Gottes Namen nieder; / kalt ist der Abendhauch. / Verschon uns, Gott, mit Strafen / und lass uns ruhig schlafen / und unsern kranken Nachbar auch!

R Puter

2 Dieu, muossa'ns ta spendraunza, / cha stettans ferms in spraunza / e schmettans cun noss plaunts. / Ad esser ümils muossa / e cu cha fatschans uossa / per viver leids, scu tieus iffaunts.

3 Al pos, frers, uossa giaina! / Ma eir in not seraina / urains tar Dieu darcho: / Tü sest chi chi suspira; / nus dains in tia chüra / il chantunais ch'es amalo.

La lune s'est levée
La luna è sorta in cielo   8

F

2 Fais-nous vivre en ta grâce, / Chercher et voir ta face, / Aimer la vérité, / Et compte-nous au nombre / Des hommes que tu combles / De paix, de joie, de sainteté !

3 Pendant que tout sommeille, / Monte la garde et veille / Sur nous et nos amis. / Donne une nuit paisible, / Sans rien qui soit pénible, / En dissipant tous les soucis !

I

2 Dio, fa', per la salvezza, / che né in fuggevolezza / né in vanità fidiam. / E semplici nel cuore, / davanti a te, Signore, / fanciulli grati fa' che siam.

3 Dormite or, fratelli, / in Di-o ben tranquilli: / fredd'alito qui vien. / Risparmiaci, Signore, / e dacci quiete ore. / Ma col vicin malato insiem!

Musique

M   Johann Abraham Peter Schulz 1790

H   Max Reger 1900 | EG 1993

Texte

F   Georges Pfalzgraf (avant 1993) | GTM, d'après « Der Mond ist aufgegangen » de Matthias Claudius (1778) 1779

I   Anna Belli 2010, secondo «Der Mond ist aufgegangen» di Matthias Claudius (1778) 1779

All Morgen ist ganz frisch und neu
Sco cha'l sulai es uoss'alvà

9

Musik
M Johann Walter 1541
S Paul Müller 1952 | EM 2002 | GTM

Text
D Johannes Zwick (um 1541) 1545
R Gion Gaudenz (1971) 1977, tenor «All Morgen ist ganz frisch und neu» da Johannes Zwick (ca. 1541) 1545

D

2 O Gott, du schöner Morgenstern, / gib uns, was wir von dir begehrn: / Zünd deine Lichter in uns an, / lass uns an Gnad kein' Mangel han.

3 Treib aus, o Licht, all Finsternis; / behüt uns, Herr, vor Ärgernis, / vor Blindheit und vor aller Schand / und reich uns Tag und Nacht dein Hand,

4 zu wandeln als am lichten Tag, / damit, was immer sich zutrag, / wir stehn im Glauben bis ans End / und bleiben von dir ungetrennt.

R Vallader

2 Glümeras ha nos Dieu s-chaffi, / cha nus las vezzan tuottadi. / E tuot es drizzà aint zuond bel, / cha pensan a nos Dieu fidel.

3 Noss ögls, quels sun la glüm dal corp, / i fan cha quel nu resta orb, / ma orb es quel chi schnej'a Dieu, / ne voul servir al prossem sieu.

4 O Dieu, funtana da la glüm, / s-chatschainta nossa orbantüm. / Invüd'in nus quel grond sulai, / cha vivan per scuntrar a tai.

Fraîche et nouvelle chaque jour
È fresca e nuova ogni dì

9

Fraîche et nou-vel-le cha-que jour Ta grâce, ô Dieu, dure à ja - mais,
È fre-sca e nuo-va o - gni dì la gra-zia del Si - gno - re qui ;

Off - rant, fi - dèle, à notre a - mour Un sûr a - bri de cal - me paix.
per tut - to il gior - no du - re - rà, di es - sa o - gnun si può fi - dar.

Musique
M   Johann Walter 1541
H   Paul Müller 1952 | EM 2002 | GTM

Texte
F   Pauline Martin 1951, d'après « All morgen ist ganz frisch und neu » de Johannes Zwick (vers 1541) 1545
I   Anna Belli 2010, secondo «All morgen ist ganz frisch und neu» di Johannes Zwick (intorno al 1541) 1545

F

2 Seigneur, étoile du matin, / Exauce-nous dans ta bonté ; / Allume en nous, brûlante enfin, / La clarté de ta vérité.

3 Dissipe en nous l'obscurité ; / Garde-nous de haîne et courroux, / D'aveuglement, de dureté, / Tends nuit et jour ta main vers nous.

4 Or pour marcher dans le plein jour / Nous restons fermes dans la foi / Puis, nous haussant vers ton amour, / Vivons sans fin tout près de toi.

I

2 O Dio, Tu stella del mattin, / quel che chiediam, concedi qui : / accendi in noi il tuo splendor, / e da' la grazia sempre ancor.

3 O luce, scaccia oscurità ; / difendi, Dio, da avversità, / da cecità e da dolor / e tendici la man, Signor,

4 per camminar in pieno dì, / qualunque mal possa avvenir, / così che fede salda abbiam, / per sempre poi con Te restiam.

Wer nur den lieben Gott lässt walten
Tgi tut ses fatgs a Deus remetta

10

Wer nur den lieben Gott lässt walten und hoffet auf ihn allezeit,
Tgi tut ses fatgs a Deus remetta e d'el sefida da tut temps,

den wird er wunderbar erhalten in aller Not und Traurigkeit.
a quel Deus franc agid tarmetta en sia crusch, en tut basegns.

Wer Gott, dem Allerhöchsten, traut, der hat auf keinen Sand gebaut.
Tgi ch'ha fidonz' al Segner bun, buc fundamenta sin sablun.

Musik
M nach Georg Neumark (1641) 1657
S Georg Neumark 1657 | RG 1998

Text
D nach Georg Neumark (1641) 1657
R Florian Walther 1816 | CCD 1886, tenor «Wer nur den lieben Gott lässt walten» da Georg Neumark (1641) 1657

D

2 Was helfen uns die schweren Sorgen, / was hilft uns unser Weh und Ach? / Was hilft es, dass wir alle Morgen / beseufzen unser Ungemach? / Wir machen unser Kreuz und Leid / nur grösser durch die Traurigkeit.

3 Er kennt die rechten Freudenstunden; / er weiss wohl, wann es nützlich sei. / Wenn er uns nur hat treu erfunden / und merket keine Heuchelei, / so kommt Gott, eh wir's uns versehn, / und lässet uns viel Guts geschehn.

4 Sing, bet und geh auf Gottes Wegen, / verricht das Deine nur getreu / und trau des Himmels reichem Segen, / so wird er bei dir werden neu. / Denn welcher seine Zuversicht / auf Gott setzt, den verlässt er nicht.

R Sursilvan

2 Tgei gidan grevs quitaus e stenta, / tgei gida ton secontristar, / tgei gid'ei, ch'ins ton selamenta / er mintga gi cun suspirar? / En nossa crusch ton nus plirond, / fagein nus mo nies mal pli grond.

3 El sa nos temps ils pli legreivels, / sco nies basegns da spindrament: / Cu el nus ha anflau fideivels, / sincers e senz'engonament, / vegn Deus, avon ch'ins po sminar, / e lai a nus bia bien scuntrar.

4 Ti ura, va sin tia via / e fai tiu fatg fideivlamein. / Sefida dalla grazia sia, / sche gid' el tei segiramein. / Quel che da Deus vegn sefidar, / vegn el segir buc bandunar.

Gesänge | Chants | Canti | Chanzuns

Il faut qu'en Dieu l'on se confie
Chi sol confida nel Signore

10

[Musical score with three systems, showing SATB arrangement in B-flat major]

Il faut qu'en Dieu l'on se con - fi - e: La paix du cœur se trouve en lui.
Chi sol con - fi - da nel Si - gno - re con - fu - so mai po - trà re - star:

On ne peut pro - lon - ger sa vi - e Par ses tour - ments, par ses sou - cis.
ve - drà dell' an - sia e del ti - mo - re l'om - bra av - vi - len - te di - le - guar.

Mais en ré - ponse à no - tre foi, À tou - tes cho - ses, Dieu pour - voit.
Chi spe - ra nel - la sua bon - tà in u - na for - te roc - ca sta.

Musique

M d'après Georg Neumark (1641) 1657

H Georg Neumark 1657 | RG 1998

Texte

F Lisette Levis-Baudin (avant 1976) | PCT 1976 (str. 1+3+4), Georges Pfalzgraf 1979 (str. 2), d'après « Wer nur den lieben Gott lässt walten » de Georg Neumark (1641) 1657

I INN 2000 (str. 1), D. Gianì (str. 2+4), Anna Belli (2023) (str. 3), secondo «Wer nur den lieben Gott lässt walten» di Georg Neumark (1641) 1657

F

2 Pourquoi céder à l'inquiétude ? / Elle n'apporte aucun profit. / Et vaine est la sollicitude / Dont te remplissent tes soucis ; / Ce sont de tristes compagnons / Que le chagrin et l'affliction.

3 Au cœur humain, la joie est bonne, / Et le Seigneur le sait aussi. / Pleine et parfaite, il nous la donne / Dans le moment qu'il a choisi. / Il est celui qui sait le mieux / Ce qu'il nous faut pour être heureux.

4 Puisqu'il me garde sur ma route, / Craindrai-je encor de défaillir ? / Je prie et chante, et ne redoute / Ni le présent, ni l'avenir. / Il est fidèle, et tous les jours, / Je peux compter sur son amour.

I

2 Perché da gravi pene oppresso / tu ti lamenti ed a che pro? / Perché ogni giorno sospirando / vai raccontando il tuo dolor? / Così non fai che aggravar / la croce che devi portar.

3 Sa quando darci gioie vere; / quel che ci serve, ci darà; / se trova il nostro cuor fedele, / non vi riscontra falsità, / soccorre presto, il Signor, / e ci ricolma del suo amor.

4 Tu canta e prega e nei sentieri / di Dio cammina ogni dì; / confida in Lui e sempre nuove / benedizioni Ei ti darà. / Perché colui che in Dio fidò / Egli giammai l'abbandonò.

Allein Gott in der Höh sei Ehr
Sulet a Diu engraziament

11

Musik

- M Nikolaus Decius (1523?), nach dem «Gloria» der Ostermesse (11. Jh.) | Leipzig 1539
- S PCT 1976

Text

- D Nikolaus Decius (ca. 1522) 1525, nach «Gloria in excelsis Deo» (4. Jh.) | Leipzig 1539 (Str. 1–3), Rostock 1525 (Joachim Slüter?, Str. 4)
- R Peter Paul Cadonau 1946 | CLOM, tenor «Allein Gott in der Höh sei Ehr» da Rostock 1525, tenor «Gloria in excelsis Deo» (4. tsch.)

D

2 Wir beten an und loben dich, / wir bringen Ehr und danken, / dass du, Gott Vater, ewiglich / regierst ohn alles Wanken. / Ganz unbegrenzt ist deine Macht; / allzeit geschieht, was du bedacht. / Wohl uns solch eines Herren.

3 O Jesu Christe, Gottes Sohn, / für uns ein Mensch geboren, / gesandt von deines Vaters Thron, / zu retten, was verloren: / Lamm Gottes, heilger Herr und Gott, / nimm an die Bitt von unsrer Not. / Erbarm dich unser aller.

4 O Heilger Geist, du höchstes Gut, / du allerheilsamst' Tröster: / Vor Teufels Gwalt fortan behüt, / die Jesus Christ erlöste / durch Marter, Qual und bittern Tod. / Wend ab all unser Leid und Not. / Darauf wir uns verlassen.

R Sursilvan

2 A ti aduraziun purtein, / Diu Bab, dil mund scaffider. / Ti meinas tut e meinas bein / ed eis pussent regider. / La forza ti' ei senza fin, / ti regias nus tras tiu destin. / Beaus tgi ch'ha tal Segner.

3 O Jesus Cristus, Fegl da Diu, / ti has per dar spindronza, / la fleivla carn priu per vestgiu, / il mund per ti'avdonza. / Ti tschut da Diu, da tschiel vegnius, / da cor da nus seis benedius, / exauda nus, o Segner.

4 Er ti, sogn Spert, da Diu nus daus, / nies meglier confortader, / seis nies agid en crusch, quitaus, / e dosta il tentader, / che vul cun nus far ina fin / e trer nus ord il maun divin, / o fai misericordia.

Louange et gloire aux plus hauts cieux
A Te, Signore Altissimo

11

Lou-ange et gloire aux plus hauts cieux À toi, Sei-gneur et Pè-re ! Et bien-veil-lance en-vers tous ceux Qui vi-vent sur la ter-re ! Ta bien-veil-lance est à ja-mais Le sûr rem-part de no-tre paix. Ta grâce est sa-lu-tai-re.

A Te, Si-gno-re Al-tis-si-mo, e-ter-no Dio d'a-mo-re, s'in-nal-zi il can-to fer-vi-do di lo-de, glo-ria o-no-re. La gra-zia tua si ce-le-bri con vi-va gra-ti-tu-di-ne e sul-ti no-stro cuo-re!

Musique

M Nikolaus Decius (1523 ?), d'après le « Gloria » de la Messe de Pâques (11ᵉ s.) | Leipzig 1539

H PCT 1976

Texte

F Richard Paquier 1956 | GTM et Edmond Pidoux 1976 (str. 1), Richard Paquier 1956 (str. 2), Edmond Pidoux 1976 (str. 3+4), d'après « Allein Gott in der Höh sei Ehr » de Rostock 1525, d'après « Gloria in excelsis Deo » (4ᵉ s.)

I INN 1969 | INN 2000 (str. 1+3+4), M. Gratton 1961 (str. 2), secondo «Allein Gott in der Höh sei Ehr» di Rostock 1525, secondo «Gloria in excelsis Deo» (IV sec.)

F

2 Nous te louons, nous t'adorons / Et nous te rendons grâce. / Nous donnons gloire à ton saint nom, / À ta force efficace, / Ô Dieu, le Père tout-puissant, / Ton règne dure en tous les temps / Sur l'univers qui passe.

3 Béni sois-tu, Sauveur et Roi, / Jésus, seul Fils du Père, / Agneau de Dieu, qui pris sur toi / Le poids de nos misères ! / Pitié pour nous, Seigneur, pitié ! / Ô toi qui ôtes les péchés / Et règnes sur la terre.

4 Entends l'appel de notre cœur, / Accueille nos prières ! / Toi seul es saint, toi seul Seigneur, / Très haut dans la lumière ! / À toi la gloire, ô Jésus-Christ, / Régnant avec le Saint-Esprit / Dans la splendeur du Père !

I

2 Riconoscenti ed umili, / o Padre, T'adoriamo. / Signor che il mondo domini / ognor con salda mano, / immenso e senza limiti / eternamente compiesi / il tuo voler sovrano.

3 Signor Gesù, unigenito / Figliuolo a noi mandato / le genti per redimere / già schiave del peccato, / Agnel di Dio purissimo, / ascolta queste supplice / poiché ci hai tanto amato.

4 Eterno Santo Spirito, / divin Consolatore, / la tua virtù ci illumini, / ci salvi dall'errore. / Fedeli al Cristo rendici, / ancor più in alto guidaci, / rinnova il nostro cuore.

Lobe den Herren, den mächtigen König der Ehren
Lauda il Segner, il retg en altezias beadas

12

Musik

M 17. Jh. (weltlich) | Stralsund 1665 | Halle 1741

S Halle 1741 | PB 1941 | RKG 1952

Text

D Joachim Neander 1680 | AÖL (1973) | FSK (1995)

R Gion Martin Darms 1886, tenor «Lobe den Herren, den mächtigen König der Ehren» da Joachim Neander 1680

D

2 Lobe den Herren, der alles so gnädig regieret, / der wie auf Flügeln des Adlers dich sicher geführet, / der dich erhält, / wie es dir selber gefällt. / Hast du nicht dieses verspüret?

3 Lobe den Herren, der künstlich und fein dich bereitet, / der dir Gesundheit verliehen, dich freundlich geleitet. / In wie viel Not / hat nicht der gnädige Gott / über dir Flügel gebreitet.

4 Lobe den Herren, der sichtbar dein Leben gesegnet, / der aus dem Himmel mit Strömen der Liebe geregnet. / Denke daran, / was der Allmächtige kann, / der dir mit Liebe begegnet.

5 Lobe den Herren, was in mir ist, lobe den Namen. / Lob ihn mit allen, die seine Verheissung bekamen. / Er ist dein Licht; / Seele, vergiss es ja nicht. / Lob ihn in Ewigkeit. Amen

R Sursilvan

2 Lauda il Segner, che tut gloriusmein urdeina, / tei sco sin alas dad evla segiramein meina. / El dat a ti / quei che tei legra tugi, / rend'ad el gliergia cumpleina!

3 Lauda il Segner, che ha tei formau cun finezia, / dau sanadad a ti, tei protegiu cun fermezia. / Ha buc rasau / Deus, il pussent, sur tiu tgau / alas da sia carezia?

4 Lauda il Segner, ti olma dad el benedida. / Plover el lai sur tei flums da buontad maisudida. / Tegn endament, / ch'el, il signur tutpussent, / mai ses affons cheu emblida.

5 Lauda il Segner, mi'olma, quei sabi adura! / Tgei che ha flad detti gliergia ad el cun premura. / Glisch ei'l a ti, / olma, emblid'el mai pli, / laud'el da cor da tutt'ura!

Bénissons Dieu, notre Roi, le puissant Roi de gloire
Lode all'Altissimo, lode al Signore possente

12

F

2 Bénissons Dieu, notre Roi, dont la main étendue / Porte toujours ses enfants comme l'aigle en la nue. / Il nous soutient. / Dans sa grâce, il nous maintient / Et nous marchons sous sa vue.

3 Bénissons Dieu, notre Roi, de tendresse éternelle, / Qui sanctifie et bénit ses enfants qui l'appellent. / Quand nous souffrons / Et quand à lui nous crions, / Il nous garde sous son aile.

4 Bénissons Dieu, notre Roi, qui toujours fait justice, / À l'orgueilleux redoutable, au plus humble propice ! / Riche en bonté, / Pour ses enfants révoltés / Son amour est sans limite.

5 Bénissons Dieu, notre Roi, célébrons ses louanges, / Car il demeure à jamais quand tout passe et tout change. / Il nous entend : / Adressons-lui notre chant, / Unis aux chœurs de ses anges !

I

2 Lode all'Altissimo Re dell'immenso creato! / Sovr'ali d'aquila salvi noi tutti ha portato. / Egli sostien / chi nella fede a lui vien / per camminar col suo aiuto.

3 Lode all'eterno Signor della grazia infinita! / Ei tutto donaci: l'alma, la forza, la vita. / Nei nostri error / non ci abbandona il Signor: / Egli ha salvezza largita.

4 Lode all'Altissimo che a noi dal cielo ha parlato / e l'Unigenito per amor nostro ha donato. / Lui ci affrancò / e da ogni mal liberò; / Egli ha sconfitto il peccato.

5 Lode all'Altissimo sole di vera giustizia, / che sopra gli umili scende benigna e propizia. / Il peccator / celebri il buon Redentor, / che nel suo amor gli perdona!

Musique

M   17e s. (profane) | Stralsund 1665 | Halle 1741

H   Halle 1741 | PB 1941 | RKG 1952

Texte

F   Jules Vincent 1924 | PCT 1976 (str. 1+4+5), GTM (str. 2+3), d'après « Lobe den Herren, den mächtigen König der Ehren » de Joachim Neander 1680

I   M. Gratton 1961 (str. 1+3), M. Gratton 1961 | INN 2000 (str. 2), INN 1969 | INN 2000 (str. 4+5), secondo «Lobe den Herren, den mächtigen König der Ehren» di Joachim Neander 1680

Nun danket alle Gott
Ludein il tutpussent

Nun danket alle Gott mit Herzen, Mund und Händen, der grosse Dinge tut an uns und allen Enden, der uns von Mutterleib und Kindesbeinen an unzählig viel zugut bis hierher hat getan.

Ludein il tutpussent cun cor, cun maun e bucca. Ludein il tutpresent, sco ei da far er tucca. El ha pusenta mein da noss' affonz' en si tgi rau nus prua mein, ch'ins sa buc scriver si.

D

2 Der ewigreiche Gott woll uns in unserm Leben / ein immer fröhlich Herz und edlen Frieden geben / und uns in seiner Gnad erhalten fort und fort / und uns aus aller Not erlösen hier und dort.

3 Lob, Ehr und Preis sei Gott dem Vater und dem Sohne / und Gott dem Heilgen Geist im höchsten Himmelsthrone, / ihm, dem dreieinen Gott, wie es im Anfang war / und ist und bleiben wird so jetzt und immerdar.

R Sursilvan

2 Deus vegli pertgirar / nus en la veta nossa, / nies cor er fetg legrar / cun siu sogn Spert da possa. / Siu plaid da claritad / a nus fa a saver / la via da verdad / che lai nus pasch guder.

3 Laud, gliergi', aduraziun / sei dau al Bab scaffider, / al Fegl, nies grond patrun, / ed al sogn Spert regider. / El, quei triunit Deus / da grazia e buontad / da nus sei benedius / en tutt'eternitad.

Musik

M Leipzig (um 1630) 1636 (Martin Rinckart?) | Johann Crüger (1647) 1653

S Johann Crüger (1647) 1653 | MB 1937 | RG 1998

Text

D Martin Rinckart (um 1630) 1636 | AÖL (1970) | GTM, nach Jesus Sirach 50,20–24

R Conradin Riola 1749 | Florian Walther 1816 (str. 1 + 3) e Peter Paul Cadonau 1965 (str. 2) | CLOM, tenor «Nun danket alle Gott» da Martin Rinckart (ca. 1630) 1636

Du cœur et de la voix
Siam grati a Te, Signor

13

[Musical score]

Musique

M Leipzig (vers 1630) 1636
(Martin Rinckart ?) | Johann Crüger
(1647) 1653

H Johann Crüger (1647) 1653 |
MB 1937 | RG 1998

Texte

F Edmond Pidoux 1976 | GTM,
d'après «Nun danket alle Gott»
de Martin Rinckart (vers 1630)
1636, d'après le Siracide
50,20–24

I M. Gratton 1961 | INN 2000 (str. 1),
M. Gratton 1691 | GTM (str. 2),
M. Gratton 1961 (str. 3), secondo
«Nun danket alle Gott» di
Martin Rinckart (intorno al 1630)
1636, secondo il Siracide
50,20–24

F

2 Ô Père tout-puissant, ta grâce est infinie ! / Ta paix remplit nos cœurs, ta joie est dans nos vies. / Tu mets ta force en nous selon ta volonté, / Et veux nous accueillir dans ton éternité.

3 Louange soit à Dieu, Père et Mère, iel nous aime ! / Louange soit au Fils qui s'est donné lui-même ! / Louange au Saint-Esprit, le puissant Défenseur ! / Unique et trois fois saint, loué soit le Seigneur !

I

2 O Madre di bontà, / col giusto tuo decreto / a noi la pace da' / e un cuore sempre lieto; / preservaci fedel / nella tua grazia ognor / e dagli umani error / ci guarda e guida al ciel.

3 A Dio sia gloria, onor / e della lode il canto, / al Padre, al Figlio ancor / ed allo Spirto Santo. / La sua Maestà, / sovrana come fu, / eterna regnerà / nei secoli lassù.

Grosser Gott, wir loben dich
O grond Deus, nus tei ludein

14

Musik
M Wien um 1774 | Leipzig 1819 | Paderborn 1852
S Eberhard Klotz 2010/2023

Text
D Ignaz Franz (1768) 1771 | AÖL (1973)/(1977), nach «Te Deum laudamus» (4. Jh.)
R Gion Martin Darms 1886, tenor «Te Deum laudamus» (4. tsch.)

D

2 Alles, was dich preisen kann, / Kerubim und Serafinen, / stimmen dir ein Loblied an; / alle Engel, die dir dienen, / rufen dir stets ohne Ruh / «Heilig, heilig, heilig!» zu.

3 Heilig, Herr Gott Zebaot, / heilig, Herr der Himmelsheere, / starker Helfer in der Not! / Himmel, Erde, Luft und Meere / sind erfüllt von deinem Ruhm; / alles ist dein Eigentum.

R Sursilvan

2 Tut ils comps dil tschiel sublim / cant da laud a ti unfreschan. / Cherubins e serafins / cun ardur tei honoreschan. / Tei aduran tuts beaus, / psalmiond en dultsch ruaus.

3 Sogns eis ti, Deus Zebaot, / sogns persuls, pussent scaffider, / gidas en basegns dabot, / tut consalvas, ferm regider. / Er la tiara lauda tei, / tia proprietad ell'ei.

Grand Dieu, nous te bénissons
Sommo Iddio, noi T'invochiamo

14

(Musical score with lyrics:)

Grand Dieu, nous te bé-nis-sons,_ Nous cé-lé-brons tes_ lou-an-ges !
Som-mo Id-dio,_ noi T'in-vo-chia-mo, ce-le-bria-mo le_ tue lo-di;

É-ter-nel,_ nous t'ex-al-tons._ De con-cert a-vec les an-ges,
e con gli an-ge-li can-tia-mo il tuo no-me in mil-le mo-di;

Et pros-ter-nés de-vant toi, Nous t'a-do-rons, ô_ grand Roi !
e pro-stra-ti in-nan-zi a Te, T'a-do-ria-mo, o Re dei re.

Musique

M Wien vers 1774 | Leipzig 1819 | Paderborn 1852
H Eberhard Klotz 2010/2023

Texte

F Henri-Louis Empaytaz 1817 | PCT 1976 | ALL 2005, d'après « Te Deum laudamus » (4ᵉ s.)

I S&C 1877 | INN 2000 (str. 1), S&C 1877 (str. 2+3), secondo «Grand Dieu, nous te bénissons» di Henri-Louis Empaytaz 1817, secondo «Te Deum laudamus» (IV sec.)

F

2 Les saints et les bienheureux, / Les trônes et les puissances, / Tous les êtres dans les cieux / Disent ta magnificence, / Proclamant dans leurs concerts / Le grand Dieu de l'univers.

3 Saint, saint, saint est l'Éternel, / Le Seigneur, Dieu des armées ! / Son pouvoir est immortel ; / Ses œuvres, partout semées, / Font éclater sa grandeur, / Sa majesté, sa splendeur.

I

2 L'alto ciel, la terra e il mare / sorti a un detto tuo dal niente, / col lor muto favellare / ne proclamano attamente / l'infinito tuo poter / l'ammirabil tuo saper.

3 I beati in lieto canto, / nel mirare il tuo splendore, / dicon: «Santo, santo, santo», / degli eserciti il Signore, / che per ogni eternità / fu ed è e ognor sarà.

In dir ist Freude
Tuott'allegrezza

15

Musik
M Giovanni Giacomo Gastoldi 1591 (weltlich) | Erfurt 1598
S Giovanni Giacomo Gastoldi 1591 (weltlich) | Erfurt 1598 | RKG 1952

Text
D Erfurt (vor 1598) 1598 (Cyriakus Schneegass?) | RKG 1952 | RG 1998
R Gion Gaudenz 1972 tenor «In dir ist Freude» da Erfurt (avant il 1598) 1598 (Cyriakus Schneegass?)

D

2 Wenn wir dich haben, / kann uns nicht schaden / Teufel, Welt, Sünd oder Tod; / du hast's in Händen, / kannst alles wenden, / wie nur heissen mag die Not. / Drum wir dich ehren, / dein Lob vermehren / mit hellem Schalle, / freuen uns alle / zu dieser Stunde. / Halleluja. / Wir jubilieren / und triumphieren, / lieben und loben / dein Macht dort oben / mit Herz und Munde. / Halleluja.

R Vallader

2 Scha tü ans güdast, / in nus invüdast / charità e cumpaschiun, / gnaran müdadas / per tas raspadas. / Tü sarast nos ferm friun. / Perquai chi's loda, / cha minchün doda / cun allegria / da tia lia, / eir in quist'ura. / Alleluja. / Fa cha'ns resolvan / vers tai cha'ns volvan, / in arcuntschentscha, / obedientscha / e piglian dmura. / Alleluja.

Mon allégresse
Gioia del cuore

15

Mon al-lé-gres-se Dans la dé-tres-se, C'est toi, doux Sei-gneur Jé-sus. Car de ta grâ-ce, Que rien ne las-se, Vien-nent tous les dons re-çus. Tou-tes nos fau-tes, Tu nous les ô-tes, Et qui t'é-cou-te Fait bon-ne rou-te, Point ne s'é-ga-re. Al-lé-lu-ia. À toi, bon maî-tre, Nous vou-lons ê-tre; De ta clé-men-ce, Nul-le puis-san-ce Ne nous sé-pa-re. Al-lé-lu-ia.

Gio-ia del cuo-re, Ge-sù Si-gno-re, nel tuo re-gno ci con-dur-rai. Per noi sei mor-to, per noi ri-sor-to, dal-la mor-te ci sal-ve-rai. Con noi nel pian-to, con noi nel can-to tu dal-la cro-ce do-ni la pa-ce, vi-ta per sem-pre. Al-le-lu-ia. Con te vit-to-ria, con te la glo-ria, ol-tre la cro-ce splen-de la lu-ce, gio-ia per sem-pre. Al-le-lu-ia.

Musique

M Giovanni Giacomo Gastoldi 1591 (profane) | Erfurt 1598

H Giovanni Giacomo Gastoldi 1591 (profane) | Erfurt 1598 | RKG 1952

Texte

F Pierre Lutz 1976, d'après « In dir ist Freude » de Erfurt (avant 1598) 1598 (Cyriakus Schneegass?)

I Eugenio Costa e Felice Rainoldi 1981, secondo «In dir ist Freude» da Erfurt (prima dal 1598) 1598 (Cyriakus Schneegass?)

F

2 Par ton empire, / Tu vas détruire / Péché, diable, mal et mort. / De tous leurs pièges / Tu nous protèges, / Ton amour est le plus fort. / Ton peuple en fête / Chante à tue-tête, / Joyeux, t'honore, / Heureux, t'adore / À l'heure même. / Alléluia ! / Son cœur sans trève / Vers toi s'élève / Et te rend gloire / Pour ta victoire. / Seigneur, je t'aime. / Alléluia !

I

2 Festa del cuore, / Gesù pastore, / nel deserto ci guiderai. / Per noi sei cibo, / sei pane vivo, / nella vita ci sosterrai. / Con noi cammini, / su noi ti chini, / in ogni istante / tu sei presente, / dono sicuro. / Alleluia. / Con te giustizia, / in te letizia, / nelle tue mani / i nostri nomi, / l'oggi e il futuro. / Alleluia.

Aus tiefer Not schrei ich zu dir (Ps 130)
Ord il profund clom jeu tier tei (Ps 130)

16

Musik
M Martin Luther 1524
S Hans Leo Hassler 1608 | Elie Jolliet (2023)

Text
D Martin Luther 1524, nach Psalm 130
R Wendelin Caminada 1982, tenor «Aus tiefer Not schrei ich zu dir» da Martin Luther 1524, tenor Psalm 130

D

2 Auf meinen Gott will hoffen ich, / auf mein Verdienst nicht bauen; / auf ihn will ich verlassen mich / und seiner Güte trauen, / die mir zusagt sein wertes Wort. / Das ist mein Trost und treuer Hort; / des will ich allzeit harren.

3 Und ob es währt bis in die Nacht / und wieder an den Morgen, / doch soll mein Herz an Gottes Macht / verzweifeln nicht noch sorgen. / Er ist allein der gute Hirt, / der Israel erlösen wird / aus seinen Sünden allen.

R Sursilvan

2 Mo ti a mi vul perdunar, / cassar tut las fallonzas, / uss tiu affon puspei gidar / a dretga demanonza; / perquei sefidel, Diu, da tei / e spetgel tiu agid cun fei, / tiu plaid mi dat speronza.

3 E stos jeu sco'l guardian spitgar / entoch il di arriva, / jeu spetgel tei e tiu gidar, / per tei jeu hai arsira; / o Segner Diu, ti bien pastur, / tiu pievel gidas cun ardur / e das perdun adina.

Dans l'affliction, je crie à toi (Ps 130)
Nel mio sconforto grido a Te (Sal 130)

16

Dans l'af-flic-tion, je crie à toi, Sei-gneur, en-tends ma plain-te! Prê-te l'o-reille, é-
Nel mio scon-for-to gri-do a Te, a-scol-ta, mio Si-gno-re. Be-ni-gno o-rec-chio

cou-te-moi, Du mal dé-fais l'é-trein-te! Seigneur qui me vois ac-ca-blé,
vol-gi a me a-per-to al mio do-lo-re. Se Tu vo-les-si il pec-ca-tor

De-vant toi qui peut sub-sis-ter, Sans ta pré-sen-ce sain-te?
pu-nir col giu-sto tuo ri-gor, chi mai po-tria re-sta-re!

Musique

M   Martin Luther 1524

H   Hans Leo Hassler 1608 | Elie Jolliet (2023)

Texte

F   Georges Pfalzgraf (1979) | GTM (str. 1), Henri Capieu (1976) 1979 | GTM (str. 2), Charles Ecklin 1936 | Edmond Pidoux 1976 (str. 3), d'après « Aus tiefer Not schrei ich zu dir » de Martin Luther 1524, d'après Psaume 130

I   Paolo Lucchesi e Alberto Saggese 1972 (str. 1), Alberto Saggese 1972 (str. 2+3), secondo «Aus tiefer Not schrei ich zu dir» di Martin Luther 1524, dal Salmo 130

F

2 En toi, j'ai mon espoir, Seigneur, / Que ton amour me garde ! / En moi, je n'ai que mon malheur, / Vers toi seul je regarde. / Toi seul, Seigneur, es mon soutien, / Toi seul es mon suprême bien, / Toi seul mon espérance.

3 Seigneur, ce n'est jamais en vain / Que tes enfants t'implorent. / J'espère en toi, comme au matin / La garde attend l'aurore. / Oh ! daigne entendre mon appel, / Et, comme au peuple d'Israël, / Me pardonner encore !

I

2 Io spero solo nel Signor, / nei meriti non fido. / A Lui s'affida questo cuor: / l'amore suo m'è certo. / Perché il Vangelo l'annunciò / che Lui soltanto mi salvò: / quest'è la mia speranza.

3 E se tormento notte e dì / non ti dà pace e tregua, / non disperare più così, / ma fida nel Signore. / Come Israel condusse, allor, / nutrì per esso grande amor: / anche per te sia guida.

Christe, du Lamm Gottes
Crist, agnè dal Segner

17

Chri-ste, du Lamm Got-tes, der du trägst die Sünd der Welt, er-barm dich un-ser.
Crist, a-gnè dal Se-gner, tü chi por-tast tuot pu-chà, a nus par-du-na.

Chri-ste, du Lamm Got-tes, der du trägst die Sünd der Welt, gib uns dei-nen Frie-den.
Crist, a-gnè dal Se-gner, tü chi por-tast tuot pu-chà, pasch a nus re-ga-la.

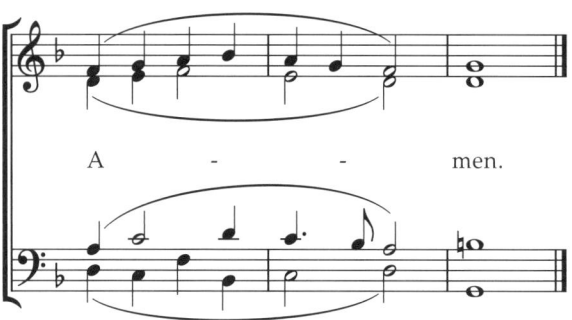

A - - men.

Musik

M   Wittenberg 1528 (Martin Luther?),
    nach dem «Kyrie eleison»
    der «Deutschen Messe» 1526

S   PR 1936 | PCT 1976 | ALL 2005 |
    GTM (Agnus Dei); RG* 1998 (Amen)

Text

D   Martin Luther (1525/1526) |
    Wittenberg 1528, nach «Agnus Dei»
    (7. Jh.)

R   Gion Gaudenz (1972) 1977,
    tenor Martin Luther (1525/1526)
    e Wittenberg 1528, tenor «Agnus
    Dei» (7avel tsch.)

R   Vallader

Gesänge | Chants | Canti | Chanzuns

Christ, Agneau de Dieu
Cristo, Agnel di Dio

17

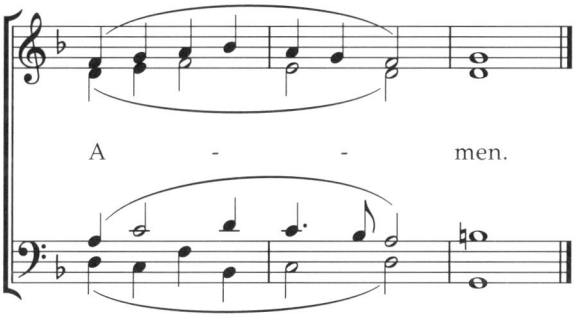

Musique

M Wittenberg 1528 (Martin Luther ?),
   d'après le « Kyrie eleison »
   de la « Deutschen Messe » 1526

H PR 1936 | PCT 1976 | ALL 2005 |
   GTM (Agnus Dei) ; RG* 1998 (Amen)

Texte

F PR 1936 | PCT 1976, d'après
   « Agnus Dei » (7ᵉ s.)

I CDR 1951, secondo «Agnus Dei»
   (VII sec.)

Gelobt sei Gott im höchsten Thron
Ludaus sei Dieus sil tron splendus

18

Musik

M Melchior Vulpius 1609

S Melchior Vulpius 1609 | RG 1998 | GTM

Text

D Michael Weisse 1531 (Str. 1–3), nach Michael Weisse 1531 (Str. 4); Hannover 1953 (Doxologie)

R Giusep Durschei 1982 (str. 1–4), tenor «Gelobt sei Gott im höchsten Thron» da Michael Weisse 1531; Andri Casanova (2023) (doxologia)

D

2 Er ist erstanden von dem Tod, / hat überwunden alle Not. / Kommt, seht, wo er gelegen hat. / Halleluja, Halleluja, Halleluja!

3 Nun bitten wir dich, Jesu Christ, / weil du vom Tod erstanden bist! / Verleihe, was uns selig ist. / Halleluja, Halleluja, Halleluja!

4 O mache unser Herz bereit, / damit von Sünden wir befreit / dir mögen singen allezeit. / Halleluja, Halleluja, Halleluja!

Doxologie

D Lob, Ehr und Preis sei Gott bereit', / Lob sei dem Sohne allezeit, / dem Heilgen Geist in Ewigkeit. / Halleluja, Halleluja, Halleluja!

R Sursilvan

2 Da pastgas la damaun marvegl / eis el levaus sco in sulegl / ord fossa per nies grond smarvegl. / Alleluja, alleluja, alleluja!

3 La foss'ei vita, mo mirei! / Puccau e mort ein oz terrai / tras la levada. Giubilei! / Alleluja, alleluja, alleluja!

4 Dai, Jesus Cristus, tiu agid, / empleina ti nies cor tut vit / cun tia grazia, dai salit! / Alleluja, alleluja, alleluja!

Doxologia

D Laud sei al Bab, il creatur, / laud er al Fegl, il mediatur, / e laud al Spert, il donatur. / Alleluja, alleluja, alleluja!

Gloire à Dieu au plus haut des cieux
Gloria al Signor in terra e in ciel

18

Musique
- M Melchior Vulpius 1609
- H Melchior Vulpius 1609 | RG 1998 | GTM

Texte
- F GTM (str. 1), Georges Pfalzgraf 1980 (str. 2–4), d'après « Gelobt sei Gott im höchsten Thron » de Michael Weisse 1531 ; Edmond Pidoux 1976 (doxologie)
- I INN 1969 | GTM (str. 1–4), secondo «Gelobt sei Gott im höchsten Thron» di Michael Weisse 1531; INN 1969 (dossologia)

F

2 Des morts il est ressuscité, / Lui qui du mal a triomphé ! / Voyez : c'est là qu'il fut posé ! / Alléluia, Alléluia, Alléluia !

3 Maintenant, Christ, nous te prions : / Veuille par ta résurrection / Renouveler la création. / Alléluia, Alléluia, Alléluia !

4 Puisque nous sommes rachetés / Et que ton nom est exalté, / Désormais nous voulons chanter : / Alléluia, Alléluia, Alléluia !

Doxologie

D Louange à Dieu, le Créateur, / À Jésus-Christ, notre Sauveur, / Au Saint-Esprit, le Défenseur ! / Alléluia, Alléluia, Alléluia !

I

2 Egli la morte soggiogò / e dal sepolcro si levò; / al ciel salì trionfator. / Alleluia, Alleluia, Alleluia!

3 Per la vittoria di Gesù, / per la sovrana sua virtù, / ogni credente è vincitor. / Alleluia, Alleluia, Alleluia!

4 Se col Signor risuscitiam, / in vita nuova camminiam / e ad alte mete abbiamo il cuor! / Alleluia, Alleluia, Alleluia!

Dossologia

D Gloria a Dio Padre Creator, / gloria a Dio Figlio Salvator, / gloria a Dio Spirto Difensor! / Alleluia, Alleluia, Alleluia!

Held, der dem Grabe sieggekrönt entstieg
A ti sei gloria ch'eis oz si levaus

Musik
nach George Frideric Handel (1747)/(1751) 1769

Text
D Maria Rosina Johanna Meyer
R Andri Casanova (2023), tenor «À toi la gloire» da Edmond Louis Budry (1884) 1885

D

2 Auf unser Flehen / gibt er und vergibt. / Jeder kann es sehen, / dass er lebt und liebt. / Volk des Herrn, o freue / deines Königs dich! / Seine Huld und Treue / währet ewiglich. / Held, der dem Grabe / sieggekrönt entstieg, / Dein ist Macht und Ehre, / ewig dein der Sieg.

3 Was kann uns scheiden / von der Liebe sein? / Trübsal oder Leiden, / irgendeine Pein? / Wovor soll mir grauen? / Als ein Kind des Lichts / darf ich ihm vertrauen, / nein, ich fürchte nichts. / Held, der dem Grabe / sieggekrönt entstieg, / dein ist Macht und Ehre, / ewig dein der Sieg.

R Sursilvan

2 Lu el cumpara, vivs eis el presents. / Buca dubitei uss, el suandei, cartents. / Plein legria schei mo, vus affons da Diu: / «Cristus, cun victoria nus has benediu! / A ti sei gloria ch'eis oz si levaus. / Il mortal tras tei ei bein victorisaus!»

3 Nin sto ver tema, Cristus stat victur. / El la pasch promova, ei siu defensur. / El ei nies spindrader, ferm e franc agid. / El dat veta nova, tgina dil salit. / A ti sei gloria ch'eis oz si levaus. / Il mortal tras tei ei bein victorisaus!

Gesänge | Chants | Canti | Chanzuns

À toi la gloire, ô Ressuscité
Cristo è risorto! Alleluia

19

[Partition musicale à quatre voix avec les paroles :]

À toi la gloi-re, Ô Res-sus-ci-té ! À toi la vic-toi-re Pour l'é-ter-ni-té !
Cri-sto è ri-sor-to! Al-le-lu-ia! Del-la mor-te il dar-do più po-ter non ha.

Bril-lant de lu-miè-re, L'ange est des-cen-du, Il rou-le la pier-re Du tom-beau vain-cu.
Sal-ga in lie-to ac-cen-to l'in-no tri-on-fal! L'im-mo-la-to A-gnel-lo ha scon-fit-to il mal.

À toi la gloi-re, Ô Res-sus-ci-té ! À toi la vic-toi-re Pour l'é-ter-ni-té !
Cri-sto è ri-sor-to! Al-le-lu-ia! Del-la mor-te il dar-do più po-ter non ha.

Musique
d'après George Frideric Handel
(1747)/(1751) 1769

Texte
F   Edmond Louis Budry (1884) 1885
I   INN 1969

F

2 Vois-le paraître : / C'est lui, c'est Jésus, / Ton Sauveur, ton maître, / Oh ! ne doute plus ! / Sois dans l'allégresse, / Peuple du Seigneur, / Et redis sans cesse : / Le Christ est vainqueur ! / À toi la gloire, / Ô Ressuscité ! / À toi la victoire / Pour l'éternité !

3 Craindrais-je encore ? / Il vit à jamais, / Celui que j'adore, / Le prince de paix. / Il est ma victoire, / Mon puissant soutien, / Ma vie et ma gloire : / Non, je ne crains rien. / À toi la gloire, / Ô Ressuscité ! / À toi la victoire / Pour l'éternité !

I

2 Egli è il Vivente / e per ogni età / sul creato intero / Egli regnerà. / D'un sol cuor, festanti, / popol del Signor, / proclamiamo al mondo / «Cristo è vincitor!» / Egli è il Vivente / e per ogni età / sul creato intero / Egli regnerà.

3 Gloria a Te, gloria, / nostro Redentor; / a Te la vittoria, / o Liberator! / L'infernal potere / più non temerem: / Tu sei la salvezza, / con Te vincerem. / Gloria a Te, gloria, / nostro Redentor; / a Te la vittoria, o Liberator!

Thine be the glory, risen, conqu'ring Son   19

Music
after George Frideric Handel (1747)/(1751) 1769

Text
E   Richard Birch Hoyle 1923 | COG 2006, after "A toi la Gloire" by Edmond Louis Budry (1884) 1885

E

2 Lo, Jesus meets us, risen from the tomb; / lovingly he greets us, scatters fear and gloom; / let his Church with gladness hymns of triumph sing, / for her Lord now liveth, death hast lost its sting. / Thine be the glory, risen, conqu'ring Son; / endless is the vict'ry thou o'er death hast won.

3 No more we doubt thee, glorious Prince of life; / what is life without thee? Aid us in our strife; / make us more than conqu'rors through thy deathless love; / bring us safe through Jordan to thy home above. / Thine be the glory, risen, conqu'ring Son; / endless is the vict'ry thou o'er death hast won.

The Church's one foundation 20

The Church's one foundation is Jesus Christ, her Lord; she is his new creation by water and the Word. From heav'n he came and sought her to be his holy bride; with his own blood he bought her, and for her life he died.

Music
T   Samuel Sebastian Wesley 1864, AURELIA
S   Samuel Sebastian Wesley 1864

Text
E   Samuel John Stone 1866

E

2 Elect from ev'ry nation, / yet one o'er all the earth, / her charter of salvation: / one Lord, one faith, one birth. / One holy name she blesses, / partakes one holy food, / and to one hope she presses, /with ev'ry grace endued.

3 'Mid toil and tribulation / and tumult of her war, / she waits the consummation / of peace for evermore; / till with the vision glorious / her longing eyes are blest, / and the great Church victorious / shall be the Church at rest.

4 Yet she on earth has union / with God the Three in One, / and mystic sweet communion / with those who rest is won. / O happy ones and holy! / Lord, give us grace that we / like them, the meek and lowly, / on high may dwell with thee.

Die Kirche steht gegründet
Fundad'è la baselgia

20

D

R Rumantsch grischun

Musik
M Samuel Sebastian Wesley 1864, AURELIA
S Samuel Sebastian Wesley 1864

Text
D Anna Thekla von Weling 1898 (Str. 1–3), Anna Thekla von Weling 1898 | EG 1993 (Str. 4), nach «The Church's one foundation» von Samuel John Stone 1866
R Hans-Peter Schreich-Stuppan (2023), tenor «The Church's one foundation» da Samuel John Stone 1866

2 Erkorn aus allen Völkern, / doch als ein Volk gezählt; / ein Herr ist's und ein Glaube, / ein Geist, der sie beseelt, / und einen heilgen Namen / ehrt sie, ein heilges Mahl; / und eine Hoffnung teilt sie / kraft seiner Gnadenwahl.

3 Verfolgt und angefochten / in heissem Kampf und Strauss, / schaut nach der Offenbarung / der Friedenszeit sie aus; / sie harrt, bis sich ihr Sehnen / erfüllt in Herrlichkeit / und nach den grossen Siegen / beginnt die Ruhezeit.

4 Schon hier ist sie verbunden / mit dem, der ist und war, / hat selige Gemeinschaft / mit der Erlösten Schar. / Mit denen, die vollendet, / zu dir, Herr, rufen wir: / Verleih, dass wir mit ihnen / dich preisen für und für.

2 Baselgi'universala / unescha ils umans. / Ad els visiuns regala, / preserva da blers donns. / In Bab sulet l'adura: / noss Segner char en tschiel. / Nagut na la tementa: / Salvader è be el.

3 Bain er persequitada / po la baselgia v'gnir. / Ma'l Spiert l'encuraschescha, / la muss'in avegnir. / Il Segner benedescha / mintg'ovra d'charitat. / E tgi ch'en Dieu sperescha, / la vita ha chattà.

4 Gia qua è 'la colliada / cun quel che er'ed è, / ha cuminanz' beada / cun quel ch'è'l ferm chastè. / Ensemen ans fidain nus / en noss salvader bun. / Cun clera vusch chantain nus / ses laud en uniun.

L'Église universelle
Sol Cristo è della Chiesa

20

(L'Ég-lise u-ni-ver-sel-le Fon-dée en Jé-sus-Christ Est la mai-son nou-vel-le Vi-vant de son Es-prit. Du ciel il vint lui-mê-me Pour ê-tre son é-poux, Le Ré-demp-teur su-prê-me Don-nant son sang pour nous.)

(Sol Cristo è della Chiesa la base, il Fondator; fà ch'essa resti il lesa dal male e dall'error. Dal cielo in terra venne e sposa sua la fé, e nel suo amor perenne la vita per lei diè.)

Musique
M Samuel Sebastian Wesley 1864, AURELIA
H Samuel Sebastian Wesley 1864

Texte
F Fernand Barth 1923 | Richard Paquier 1956 | Edmond Pidoux 1976, d'après « The Church's one foundation » de Samuel John Stone 1866
I Eduardo Taglialatela 1922 | INN 2000 (str. 1+2), Anna Belli (2023) (str. 3+4), secondo «The Church's one foundation» di Samuel John Stone 1866

F

2 Partout dans la prière, / L'Église unit les cœurs / Pour invoquer le Père, / Un même et seul Seigneur. / Aux ordres de son maître, / Rompant le même pain, / L'Église fait connaître / À tous l'amour divin.

3 Le monde la méprise, / Il cherche à la briser. / Des luttes la divisent, / Son temps paraît compté. / Mais elle, dans l'épreuve, / Reçoit de Jésus-Christ / Des forces toujours neuves, / Le don de son Esprit.

4 Déjà sur cette terre / Elle est unie à Dieu, / Et par un grand mystère, / Aux rachetés des cieux. / Car la vie éternelle / Est pour tous ceux de nous / Dont Christ est le modèle / Dans un cœur humble et doux.

I

2 Gli eletti d'ogni gente, / la Chiesa del Signor / unisce in una mente, / in uno stesso cuor. / Ché un Padre solo adora, / l'Eterno Iddio del ciel, / un salvatore implora / e segue un sol vangel.

3 Se pure soffre grande / tribolazione qui, / la Chiesa spera, attende / la pace senza fin. / Vedrà la sua speranza / e col Signor vivrà, / in premio alla costanza, / gloriosa eternità.

4 Già qui, in fede unita / è al suo Salvator; / ha comunion di vita / col grande, santo stuol. / Beati quei credenti! / Signor, concedi che / poi anche noi, redenti, / viviamo sempre in Te.

Komm, Schöpfer Geist, kehr bei uns ein
Neu, nies scaffider, car sogn Spert

21

Musik
- M Kempten (um 1000) | Wittenberg 1524 | Mainz 1947
- S Elie Jolliet (2023)

Text
- D Heinrich Bone 1847 und LKA 1859 (Str. 1), Heinrich Bone 1847 (Str. 2+3+5), Heinrich Bone 1847 | SCP 1874 (Str. 4), GL 1975 (Str. 6), Abraham Emanuel Fröhlich 1844 (Str. 7), nach «Veni Creator Spiritus» von Hrabanus Maurus (809)
- R COD 1690 | Wendelin Caminada 1982, tenor «Veni Creator Spiritus» da Hrabanus Maurus (809)

D

2 Der du der Tröster wirst genannt, / vom höchsten Gott ein Gnadenpfand, / du Lebensbrunn, Licht, Lieb und Glut, / der Seele Salbung, höchstes Gut.

3 O Schatz, der siebenfältig ziert, / o Finger Gottes, der uns führt, / Geschenk vom Vater zugesagt, / du, der die Zungen reden macht.

4 Zünd an in uns des Lichtes Schein, / giess Liebe in die Herzen ein, / stärk unsres Leibs Gebrechlichkeit / mit deiner Kraft zu jeder Zeit.

5 Treib weit von uns des Feinds Gewalt, / in deinem Frieden uns erhalt, / dass wir, geführt von deinem Licht, / in Sünd und Elend fallen nicht.

6 Den Vater auf dem ewgen Thron / lehr uns erkennen und den Sohn; / dich, beider Geist, sei'n wir bereit / zu preisen gläubig alle Zeit.

7 Den Vater und den Sohn, o lehr / sie uns erkennen immer mehr. / Du Heilger Geist, in alle Zeit / sein unsre Herzen dir geweiht.

R Sursilvan

2 Il consolader eis numnaus, / in dun dil Bab nus regalaus. / Fontauna viva, fiug, amur, / dil Bab perpetna tarlischur.

3 Siat duns ti das a tes cartents, / ti det dil maun da Diu pussent; / cun tei han els il Fegl capiu / e senn per viarva jastra giu.

4 Els cors o fai ch'ei vegni dis / cun la carezia dil parvis. / Conforta nossa fleivladad, / dai a nus tuts la sanadad.

5 Nos inimitgs fugenta bein, / nus dai la pasch cumpleinamein! / Nies bien mussader va avon, / la songta via nus mussond.

6 Il Bab ti vul a nus mussar / ed il sogn Fegl nus revelar. / Tei sco sogn Spert da domisdus / cartein e confesseien nus.

7 Sei laud al Bab celestial, / al Fegl ed al Spert adual! / Laud alla songta Trinitad / en tutta la perpetnadad!

Esprit Saint, Esprit Créateur
Vieni, Spirito Creator

Musique

M   Kempten (vers 1000) | Wittenberg 1524 | Mainz 1947

H   Elie Jolliet (2023)

Texte

F   Edmond Pidoux 1976 | RG 1998 | Edmond Pidoux (1999) | GTM, d'après « Veni Creator Spiritus » de Raban Maur (809)

I   Anna Belli 2010 | (2023), secondo «Veni Creator Spiritus» di Rabanus Maurus (809)

F

2 Toi qui descends du Dieu très-haut, / Consolateur promis aux siens, / Baptise-nous d'un feu nouveau / Et répands sur nous tous tes biens !

3 O source de tout don parfait / Et doigt de Dieu pour nous guider, / Par ta présence, tu permets / Que les mots brillent inspirés.

4 Mets ta clarté dans nos esprits, / Remplis nos cœurs de ton amour ! / Et que nos corps soient affermis / De ta force, au long de nos jours !

5 Au loin, repousse l'ennemi ! / La paix descende enfin partout ! / Sois notre guide et notre appui : / Et loin du mal dirige-nous !

6 Que Dieu le Père et Dieu le Fils / Nous soient rendus présents par toi ! / Ensemble avec le Saint-Esprit, / Qu'ils soient unis dans notre foi.

7 Louange au Père, au Créateur ! / Louange au Fils ressuscité ! / Au Saint-Esprit consolateur, / Louange pour l'éternité !

I

2 Tu sei detto il Consolator / dei doni del Signore pien, / per noi unguento sei, amor, / sorgente, fuoco, sommo ben.

3 Sei con i sette doni, Tu / di Dio il dito e destra man; / il Verbo suo, per tua virtù, / qui ogni lingua fa parlar.

4 Dacci luce di comprension, / al cuor il fuoco dell'amor; / la debol carne d'ogni uom / rafforza con il tuo vigor.

5 Scaccia il Nemico ben lontan; / la grazia, pace a noi può dar / sì che Te volentier seguiam; / la luce tua ci sa guidar.

6 Fa' che il Padre ben conosciam, / e il Figlio Suo, Cristo Gesù, / sì che di fede pieni siam, / ed onoriam la tua virtù.

7 Lode al Padre, al Figlio ancor, / dai morti è risorto già, / e lode al Consolator / da ora per l'eternità.

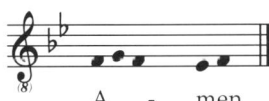

con spirito | Gesangheft der EKS | Livret de chants de l'EERS | Raccolta di inni della CERiS | Quadern da chant da la BERS

Unser Vater   22

Bei dieser neuen Vertonung des Unser Vater singen alle im eigenen Tempo,
warten beim Doppelstrich auf der Fermate aufeinander und singen dann gemeinsam das Amen.

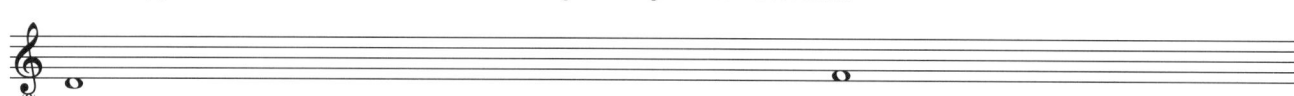

Unser Vater im Himmel; geheiligt werde dein Name. Dein Reich komme. Dein Wille geschehe, wie im Himmel so auf Erden.

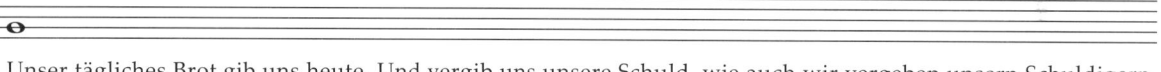

Unser tägliches Brot gib uns heute. Und vergib uns unsere Schuld, wie auch wir vergeben unsern Schuldigern.

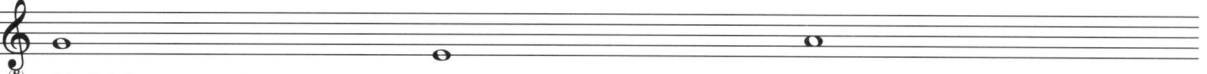

Und führe uns nicht in Versuchung, sondern erlöse uns von dem Bösen. Denn dein ist das Reich und die Kraft

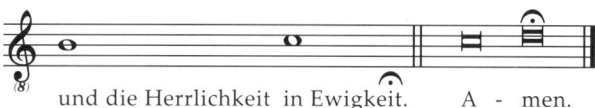

und die Herrlichkeit in Ewigkeit.   A - men.

Musik

Samuel Cosandey und Benoît Zimmermann (2023)

Text

D   nach Matthäus 6,9–13; Doxologie nach 1. Chronik 29,11–13

Bab noss   22

Questa cumposiziun nova dal Bab noss vegn chantada mintgamai en l'agen tempo,
tar il stritg dubel vegn spetgà cun la fermata sin ils auters per lura chantar en cuminanza l'amen final.

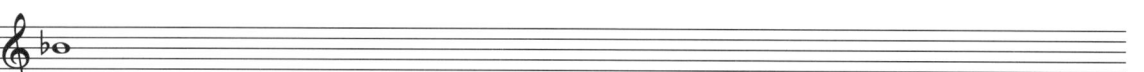

Bab noss, ti che es en tschiel, sanctifitgà vegnia tes num; tes reginavel vegnia tar nus, tia veglia daventia, sin terra sco en tschiel.

Noss paun da mintgadi dà a nus oz, ed ans perduna noss debits, sco era nus perdunain a noss debiturs.

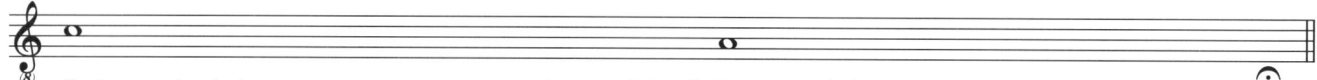

E n'ans maina betg en empruvament, ma spendra nus dal mal. Pertge tes è il reginavel, la pussanza e la gloria en etern.

A - men.

Musica

Samuel Cosandey e Benoît Zimmermann (2023)

Text

R   tenor Matteus 6,9–13; doxologia tenor 1. Cronica 29,11–13

R   Rumantsch grischun

Notre Père

22

Dans cette nouvelle mise en musique du Notre Père, toutes et tous chantent à leur propre rythme,
s'attendent à la barre de mesure double sur le point d'orgue et chantent ensemble l'Amen final.

Notre Père qui es aux cieux, que ton nom soit sanctifié, que ton règne vienne, que ta volonté soit faite

sur la terre comme au ciel. Donne-nous aujourd'hui notre pain de ce jour. Pardonne-nous nos offenses, comme nous

pardonnons aussi à ceux qui nous ont offensés. Et ne nous laisse pas entrer en tentation mais délivre-nous du mal.

Car c'est à toi qu'appartiennent le règne, la puissance et la gloire pour les siècles des siècles. A - men.

Musique
Samuel Cosandey et Benoît Zimmermann (2023)

Texte
F   d'après Matthieu 6,9–13 ; doxologie d'après 1 Chroniques 29,11–13

Padre nostro

22

In questa nuova messa in musica del Padre nostro, le voci cantano ognuna secondo il proprio ritmo
e si uniscono alla stanghetta di misura doppia sulla corona per cantare insieme l'amen finale.

Padre nostro, che sei nei cieli, sia santificato il tuo nome; venga il tuo regno;

sia fatta la tua volontà, come in cielo, così in terra. Dacci oggi il nostro pane quotidiano

e rimetti a noi i nostri debiti come noi li rimettiamo ai nostri debitori. E non ci indurre in tentazione, ma liberaci dal male.

Perché tuo è il regno, tua la potenza, e la gloria nei secoli. A - men.

Musica
Samuel Cosandey e Benoît Zimmermann (2023)

Testo
I   secondo Matteo 6,9–13; dossologia secondo 1 Chronache 29,11–13

Mein Herr und mein Gott
Miu Segner, miu Diu

23

Musik

Joseph Gallus Scheel 1941

Text

D Tägliches Gebet des Bruder Klaus
(Niklaus von Flüe) (15. Jh.)

R Benedetg Chistell 1982, tenor
l'uraziun quotidiana da frà Clau
(Clau da Flia) (15avel tsch.)

R Sursilvan

Seigneur, toi mon Dieu
Signore, mio Dio

23

Seigneur, toi mon Dieu, enlève de moi ce qui me tient loin de toi. Seigneur, toi mon Dieu, accorde-moi tout ce qui conduit à toi. Seigneur, toi mon Dieu, prends-moi à moi-même et livre-moi tout entier à toi !

Signore, mio Dio, rimuovi da me ciò che non porta a te. Signore, mio Dio, concedi a me ciò che mi conduce a te. Signore, mio Dio, da me togli me perché appartenga solo a te.

Musique

Joseph Gallus Scheel 1941

Texte

F RœA 2000, d'après la prière quotidienne de Nicolas de Flüe (15e s.)

I secondo la preghiera quotidiana di Nicola di Flüe (XV sec.)

Mein Gott ist ein getreuer Hirt (Ps 23)
Miu Deus ei in pastur fidau (Ps 23)

24

Mein Gott ist ein ge-treu-er Hirt, gibt acht, dass mir nichts man-geln wird. Auf grü-ner Au lässt er mich sein, führt mich ans Was-ser, frisch und rein, führt mich ans Was-ser, frisch und rein.

Miu Deus ei in pa-stur fi-dau, el ha en tut per mei qui-tau. En verd mu-letg el lai mei star, vid tgeus u-als la seit du-star, vid tgeus u-als la seit du-star.

Musik
Tumasch Dolf 1946

Text
D Susanne Brandt (2023), nach «Miu Deus ei in pastur fidau» von Peter Paul Cadonau 1946, nach Psalm 23
R Peter Paul Cadonau 1946, tenor Psalm 23

D

2 Er reicht mir Brot mit sanfter Hand, / behütet Seele und Verstand. / Für meine Arbeit schenkt er Kraft / und weiss, was Ruhe in mir schafft, / und weiss, was Ruhe in mir schafft.

3 Er zeigt den Weg und führt mich gut, / im dunklen Tal schenkt er mir Mut. / So liebevoll zu seiner Zeit / wird über mir der Himmel weit, / wird über mir der Himmel weit.

R Sursilvan

2 Siu maun migeivel dat il paun, / siu plaid sclaresch'il cor humaun. / El dat la forza d'operar / ed al luvrar er prosperar, / ed al luvrar er prosperar.

3 El meina mei sin trutg segir, / da quel negin fa mei untgir. / El ei bitgett'e fest a mi / e meina mei en tschiel leusi, / e meina mei en tschiel leusi.

Le Seigneur est mon bon Berger (Ps 23)
È il Signor pastor fedel (Sal 23)

24

Le Sei-gneur est mon bon Ber-ger, Et rien ne sau-rait me man-quer; Aux eaux pai-sibles il me con-duit Et ra-fraî-chit mon cœur, ma vie, Et ra-fraî-chit mon cœur, ma vie.

È il Si-gnor pa-stor fe-del, prov-ve-de a tut-to in ter-ra e ciel. Su verdi prati fa saziar, ad acque fresche dissetar, ad acque fresche dissetar.

Musique
Tumasch Dolf 1946

Texte
F Christian Glardon (2023), d'après « Miu Deus ei in pastur fidau » de Peter Paul Cadonau 1946, d'après Psaume 23
I Anna Belli (2023), secondo «Miu Deus ei in pastur fidau» di Peter Paul Cadonau 1946, dal Salmo 23

F

2 Sa main me nourrit de son pain, / Il fortifie mon cœur humain / En me donnant, dans mes travaux, / La joie, la force et le repos, / La joie, la force et le repos.

3 Il m'ouvre le meilleur chemin, / Même en la nuit je ne crains rien. / Je passerai l'éternité / Dans le bercail de sa bonté, / Dans le bercail de sa bonté.

I

2 Il corpo nutre con il pan, / con la Parola il cuor uman. / E dà la forza d'operar, / di lavorar e prosperar, / di lavorar e prosperar.

3 Sul buon sentier mi guiderà, / nessun me ne distoglierà. / È giusto, il mio pastor fedel: / mi guida infin lassù in ciel, / mi guida infin lassù in ciel.

Ich lobe meinen Gott
Jau vi ludar mes Dieu

25

Ich lo-be mei-nen Gott von gan-zem Her-zen, er-zäh-len will ich von all sei-nen Wun-dern und sin-gen sei-nem Na-men. Ich lo-be mei-nen Gott von gan-zem Her-zen, ich freu-e mich und bin fröh-lich, Herr, in dir. Hal-le-lu-ia.

Jau vi lu-dar mes Dieu, da tut mes cor. Jau vi far pa-lais al mund si-as o-vras, cun chant lu-dar ses num. Jau vi lu-dar mes Dieu, da tut mes cor. Jau vi giu-bi-lar, dad el uss ma le-grar. Al-le-lu-ia.

Musik

M   Claude Fraysse 1976

S   Alain Bergèse 1976

Text

D   Gitta Leuschner 1980, nach Psalm 9,2–3

R   Andri Casanova (2023), tenor Psalm 9,2–3

R   Rumantsch grischun

Gesänge | Chants | Canti | Chanzuns

Je louerai l'Éternel
Ti loderò, Signor

25

Je loue-rai l'É-ter-nel de tout mon cœur, Je ra-con-te-rai tou-tes tes mer-veil-les, je chan-te-rai ton nom. Je loue-rai l'É-ter-nel de tout mon cœur, Je fe-rai de toi le su-jet de ma joie. Al-lé-lu-ia !

Ti lo-de-rò, Si-gnor, con tut-to il cuor; rac-con-te-rò le tue me-ra-vi-glie e can-te-rò il tuo no-me. Ti lo-de-rò, Si-gnor, con tut-to il cuor, per-ché mi ri-em-pi di fe-li-ci-tà. Al-le-lu-ia.

Musique

M   Claude Fraysse 1976

H   Alain Bergèse 1976

Texte

F   Bible Segond 1910, Psaume 9,2–3 |
    Alain Bergèse 1976

I   Verena Meier (1986) 1998 e
    Bruno Rostagno 2000, secondo
    Salmo 9,2–3

Vertraut den neuen Wegen
Fidai en novas vias

26

Musik

M 16. Jh. (weltlich) | Nürnberg um 1535 | Böhmische Brüder 1544 | Johann Crüger 1662 | Berlin 1932
S Michael Praetorius 1609 | RG* 1998

Text

D Klaus-Peter Hertzsch (1989) 1993
R Gian-Peder Gregori (str. 1), tenor «Vertraut den neuen Wegen» da Klaus-Peter Hertzsch (1989) 1993. Chanzun uffiziala da la Sinoda da la Baselgia evangelica refurmada dal Grischun

D

2 Vertraut den neuen Wegen / und wandert in die Zeit. / Gott will, dass ihr ein Segen / für seine Erde seid. / Der uns in frühen Zeiten / das Leben eingehaucht, / der wird uns dahin leiten, / wo er uns will und braucht.

3 Vertraut den neuen Wegen, / auf die uns Gott gesandt. / Er selbst kommt uns entgegen. / Die Zukunft ist sein Land. / Wer aufbricht, der kann hoffen / in Zeit und Ewigkeit. / Die Tore stehen offen, / das Land ist hell und weit.

R Rumantsch grischun

Dieses Lied wird als offizielles Synodallied der Evangelisch-reformierten Landeskirche Graubünden mit den oben aufgeführten Strophen auf Deutsch und Rumantsch grischun sowie folgender Strophe auf Italienisch gesungen:

Ce cantique est un chant officiel du Synode de l'Église cantonale évangélique des Grisons. Les strophes ci-dessus sont chantées en allemand et en rumantsch grischun suivies par la strophe ci-dessous en italien :

Fidate nelle vie / che Dio ci vuol aprir. / Egli ci vien incontro. / E suo l'avenir. / Chi parte, può sperare / nell' oggi, nel doman. / Aperte son le porte, / la terra già vediam.

Marchons avec confiance
Osate le vie nuove

26

Mar-chons a-vec con-fian-ce Sur de nou-veaux che-mins : La vie sans cesse a-van-ce, Nous som-mes pè-le-rins ! De tous temps des pro-phè-tes Gui-dè-rent par l'Es-prit Une É-glise im-par-fai-te Dans le pays pro-mis !

O-sa-te le vie nuo-ve che Dio c'in-di-che-rà, ché vi-ve chi si muo-ve, chi s'in-cam-mi-ne-rà. Di Dio l'ar-co-ba-le-no in ciel si dis-pie-gò; il po-po-lo ter-re-no al-lor s'in-cam-mi-nò.

Musique

M 16ᵉ s. (profane) | Nürnberg vers 1535 | Böhmische Brüder 1544 | Johann Crüger 1662 | Berlin 1932

H Michael Praetorius 1609 | RG* 1998

Texte

F Christian Glardon (2023) | GTM, d'après « Vertraut den neuen Wegen » de Klaus-Peter Hertzsch (1989) 1993

I Anna Belli 2010, secondo «Vertraut den neuen Wegen» di Klaus-Peter Hertzsch (1989) 1993

F

2 Suivons sans défaillance / Les voies de liberté / Que Dieu par son Alliance / Ouvre à l'humanité ! / Son Souffle donne vie / A toute création. / Pour la terre meurtrie / Soyons bénédiction !

3 Marchons dans l'espérance, / Dieu nous garde en sa main. / Il ouvre avec puissance / Les portes de demain. / Il vient sauver la terre / Et nous pouvons l'aider. / En lui nos cœurs espèrent / Et pour l'éternité.

I

2 Osate le vie nuove, / andate nell'età. / Dio vuol che siate prove / quaggiù di sua bontà. / Chi in tempo assai lontano / la vita c'inspirò, / ci condurrà per mano / fin dove Egli vuol.

3 Osate le vie nuove / per cui ci vuol mandar; / a noi incontro muove, / ci vuole invitar. / Chi s'apre alla scoperta / avrà l'eternità. / Le porte son aperte: / la terra immensa è là.

Weise uns den Weg, Gott, geht mit
Diu, empeila nus, neu cun nus

27

Wei - se uns den Weg, Gott, geh mit! Be - glei - te du uns, Gott, Schritt für Schritt.
Diu, em - pei - la nus, neu cun nus! Cum - po - gna ti nus, Diu, pass per pass.

Wo wir stol - pern, strau - cheln, za - gen, wo uns Angst lähmt, zu ver - sa - gen:
Scar - pi - tschai, cur - dai per tia - ra, schi - ren - tai e tut che sia - ra:

Wei - se uns den Weg, Gott geh mit, Gott, geh mit. Wei - se uns den Weg, Gott, geh mit.
Sei ma - nei - vels lu, neu cun nus, neu cun nus! Diu, em - pei - la nus, neu cun nus!

Musik
Gerd-Peter Münden (2015) 2017

Text
D   Eugen Eckert (2015) 2017
R   Andri Casanova (2023), tenor «Weise uns den Weg, Gott, geh mit» da Eugen Eckert (2015) 2017

D

2 Weise uns den Weg, Gott, geh mit! / Behüte du uns, Gott, Schritt für Schritt. / Wo wir zweifeln, hadern, ringen, / wo wir nichts zustande bringen: / Weise uns den Weg, Gott, geh mit. / Weise uns den Weg, Gott, geh mit.

3 Weise uns den Weg, Gott, geh mit! / Beflügle du uns, Gott, Schritt für Schritt. / Wo wir suchen, forschen, fragen, / wo wir Misserfolg ertragen: / Weise uns den Weg, Gott, geh mit. / Weise uns den Weg, Gott, geh mit.

4 Weise uns den Weg, Gott, geh mit! / Ermutige uns, Gott, Schritt für Schritt. / Lass in deinem Licht uns gehen, / lass uns deine Spuren sehen: / Weise uns den Weg, Gott, geh mit. / Weise uns den Weg, Gott, geh mit.

R Sursilvan

2 Diu, empeila nus, neu cun nus! / Pertgira ti nus, Diu, pass per pass. / Malsegirs, curdai en dubis, / nuot gartegia, plein schischuris: / Sei maneivels lu, neu cun nus, neu cun nus! / Diu, empeila nus, neu cun nus!

3 Diu, empeila nus, neu cun nus! / Cudezza ti nus, Diu, pass per pass. / Engartau e fatg scoperta, / via tschocc'enstgl la sperta: / Sei maneivels lu, neu cun nus, neu cun nus! / Diu, empeila nus, neu cun nus!

4 Diu, empeila nus, neu cun nus! / Curascha dai nus, Diu, pass per pass. / Nus enzugli glisch sereina / che tier tes fastitgs nus meina: / Sei maneivels lu, neu cun nus, neu cun nus! / Diu, empeila nus, neu cun nus!

Montre-nous, ô Dieu, ton chemin
Guidaci, Signor, nel cammin

Montre-nous, ô Dieu, ton chemin ! Viens avec nous, ô Dieu, pas à pas.
Guidaci, Signor, nel cammin e resta qui con noi ogni dì.

Je trébuche, tombe, hésite, L'échec et la peur m'habitent :
Se cadiamo, e sitiamo, e se di fallir temiamo:

Montre-nous la voie, ô Dieu, viens avec nous, Montre-nous, ô Dieu, ton chemin !
guidaci, Signor, nel cammin, nel cammin. Guidaci, Signor, nel cammin.

Musique
Gerd-Peter Münden (2015) 2017

Texte
F Hélène Küng (2023), d'après « Weise uns den Weg, Gott, geh mit » d'Eugen Eckert (2015) 2017
I Anna Belli (2023), secondo «Weise uns den Weg, Gott, geh mit» di Eugen Eckert (2015) 2017

F

2 Montre-nous, ô Dieu, ton chemin ! / Protège-nous, ô Dieu, pas à pas. / Efforts, doutes, luttes vaines, / Les défaites nous enchaînent : / Montre-nous la voie, ô Dieu, viens avec nous, / Montre-nous, ô Dieu, ton chemin !

3 Montre-nous, ô Dieu, ton chemin ! / Inspire-nous, ô Dieu, pas à pas. / En recherche, en découverte, / En attente et en alerte : / Montre-nous la voie, ô Dieu, viens avec nous, / Montre-nous, ô Dieu, ton chemin !

4 Montre-nous, ô Dieu, ton chemin ! / Encourage-nous, Dieu, pas à pas. / Fais-nous suivre ta lumière, / Voir tes traces sur la terre, / Montre-nous la voie, ô Dieu, viens avec nous, / Montre-nous, ô Dieu, ton chemin !

I

2 Guidaci, Signor, nel cammin; / proteggici ancor ogni dì. / Se lottiamo, ci affanniamo / e se nulla concludiamo: / guidaci, Signor, nel cammin.

3 Guidaci, Signor, nel cammin; / sostieni nel lavor ogni dì. / Se cerchiamo, esploriamo, / insuccessi raccogliamo: / guidaci, Signor, nel cammin.

4 Guidaci, Signor, nel cammin; / coraggio da' a noi ogni dì. / In tua luce, fa' che andiamo, / e le tracce tue seguiamo. / Guidaci, Signor, nel cammin.

con spirito | Gesangheft der EKS | Livret de chants de l'EERS | Raccolta di inni della CERiS | Quadern da chant da la BERS

Jesus, führ uns durch deinen Geist
Jesus, ti eis quel che dat fei

28

(Notensatz)

1. Je-sus, führ uns durch dei-nen Geist. Wir glau-ben und wir schau-en:
   Je-sus, ti eis quel che dat fei. Ti eis nies bien mus-sa-der.
   Du bist es, der die Rich-tung weist. Wir wol-len auf dich trau-en.
   Igl ei tiu Spert che mei-na nus en nus vul el cum-pa-rer.
   So leh-re du uns, Herr, wie wir die Welt zum Gu-ten wan-deln,
   Ti lais em-pren-der nus, co ch'ins sa-vess mi-dar la tia-ra.
   im Dienst für dich ge-schwis-ter-lich in dei-nem Sin-ne han-deln.
   Nus lein sur-vir a nies si-gnur, sco nus sur-vin a nos cars.

Musik
Eric Stauffer (1968) 1976

Text
D Susanne Brandt (2023), nach «Jésus c'est toi que dans la foi» von Edmond Pidoux (1964) 1976
R Jan-Andrea Bernhard (2023), tenor «Jésus, c'est toi que dans la foi» da Edmond Pidoux (1964) 1976

D

2 In dieser Zeit / begleiten uns / so viele schwere Fragen. / Es kommt der Tag, / da spüren wir, / wie schmerzlich wir versagen. / Doch wir vertrauen, Herr: / Du kommst uns liebevoll entgegen. / Bist du uns nah, / wird offenbar / dein heil'ger Geist und Segen.

R Sursilvan

2 Sche nus suandein / ed encurin / spira verdad humana. / In gi denton / vegn a mussar / la stuornadad profana. / Entras la fei, signur, / vegns ti en nossas grondas mendas / per inspirar, / gie a nus dar / forza e ti' sabientscha.

Jésus, c'est toi que, dans la foi
Si' sempre tu, Signor Gesù

28

Jé-sus, c'est toi Que, dans la foi, Nous a-vons pris pour maî-tre.
Si' sem-pre tu, Si-gnor Ge-sù, la gui-da di chi cre-de.

C'est ton Es-prit Qui nous con-duit : En nous, fais-le pa-raî-tre.
Nel cam-mi-nar, fa' pa-le-sar lo Spi-ri-to e la fe-de.

Tu nous ap-prends, Sei-gneur, com-ment On peut chan-ger la ter-re :
In-se-gna, sì, Si-gnor, l'a-gir per tras-for-ma-re il mon-do :

Nous ser-vons Dieu Comme il le veut Quand nous ser-vons nos frè-res.
ser-via-mo te, il tuo vo-ler, qui i fra-tel-li a-man-do.

Musique
  Eric Stauffer (1968) 1976

Texte
  F Edmond Pidoux (1964) 1976
  I Anna Belli (2023), secondo «Jésus c'est toi que dans la foi» di Edmond Pidoux (1964) 1976

F

2 Si nous cherchons, / Si nous suivons / La vérité des hommes, / Un jour viendra, / Qui montrera / La folie où nous sommes. / Mais par la foi, / Seigneur, c'est toi / Qui viens dans nos faiblesses / Nous inspirer / Et nous donner / Ta force et ta sagesse.

I

2 Se cerchiam sol, / col nostro cuor, / la verità umana, / un dì verrà / che mostrerà / ch'è sol follia terrena. / Soccorri tu, / Signor, quaggiù / di noi la debolezza. / Infondi_in cuor / e dona_ancor / tua forza_e tua saggezza.

Du bist da

1. Du bist da, du bist da, bist am Anfang der Zeit, am Grund aller Fragen bist du.
2. Du bist da, du bist da, bist am Anfang der Zeit, im Arm einer Mutter bist du.
3. Du bist da, du bist da, bist am Anfang der Zeit, das Rätsel des Lebens bist du.
4. Du bist da, du bist da, bist am Anfang der Zeit, auch jenseits der Sterne bist du.

Bist am lichten Tag, im Dunkel der Nacht hast du für mich schon gewacht.

Bist am lichten Tag, im Dunkel der Nacht hast du für mich gewacht.

1. Nähme ich Flügel der Morgenröte, bliebe am äussersten Meer.
2. Sitze ich da oder leg mich nieder, mache mich auf und ich steh.
3. Stehe ich staunend am Strand und träume, zähle die Körner im Sand.

Schliefe ich ein im Reich der Toten, würde statt Nacht Licht um mich sein.
Meine Gedanken kennst du von Ferne, weisst ganz genau, wohin ich geh.
Lote ich aus die Meerestiefe, sehe hinaus ins Sternenhaus.

Musik
Gerd-Peter Münden (2004) 2005

Text
D Jan von Lingen (2004) 2005, nach Psalm 139

Dieu présent

29

1. Dieu présent, Dieu présent, depuis l'aube du temps, Au cœur de mes questionnements.
2. Dieu présent, Dieu présent, depuis l'aube du temps, Quand je redeviens un enfant.
3. Dieu présent, Dieu présent, depuis l'aube du temps, Énigme de vie et de sens.
4. Dieu présent, Dieu présent, depuis l'aube du temps, Plus loin que les astres brillants.

Dans le clair du jour, au cœur de la nuit : Déjà tu veillais sur moi.

Dans le clair du jour, au cœur de la nuit : Tu as veillé sur moi.

Fine

1. Que je m'envole vers l'aurore, Que j'aille au loin, au hasard,
2. Que je m'assoie, que je me lève, Où que je sois, en chemin.
3. Me voici debout sur le sable, Comptant les grains en rêvant.

D.C. al Fine

Que la mort même m'engloutisse : La nuit s'enfuit sous ton regard !
Chaque pensée, mes moindres doutes, Tu les connais, tu les comprends.
Comme la mer immense et belle, Je te contemple infiniment.

Musique
Gerd-Peter Münden (2004) 2005

Texte
F Hélène Küng (2023), d'après « Du bist da »
   de Jan von Lingen (2004) 2005, d'après le Psaume 139

Ti eis cheu, Diu etern

29

1. Ti eis cheu, Diu etern, eis l'entschatta dil temps, fontauna da tut origin.
2. Ti eis cheu, Diu etern, eis l'entschatta dil temps, en tut quei che nescha eis ti.
3. Ti eis cheu, Diu etern, eis l'entschatta dil temps, misteri da veta eis ti.
4. Ti eis cheu, Diu etern, eis l'entschatta dil temps, presents en gl'entir univers.

Eis la glisch dil di, el stgir dalla notg has gia vegliau sur da mei.

Eis la glisch dil di, el stgir dalla notg has gia quitau da mei.

1. Er sch'jeu sgulass sin in' evla ferma tochen la fin dalla mar,
2. Er sche jeu stun, sche jeu schai ni sesel, er sche jeu sun per partir,
3. Lu, cu jeu stun, plein smarvegl sper auas, dumbrel gar netschs da sablun.

er cu'l percuors terrester finescha ei ti a glisch cauld' entuorn mei.
nu che jeu mon e tgei che jeu sentel ei bein a ti enconuschent.
Lu, cu jeu reivel sil las muntognas per contemplar la scaffiziun.

Musica
Gerd-Peter Münden (2004) 2005

Text
R Flurina Cavegn (2023), tenor «Du bist da»
da Jan von Lingen (2004) 2005, tenor Psalm 139

R Sursilvan

Tu sei qui

29

Gesänge | Chants | Canti | Chanzuns

1. Tu sei qui, tu sei qui, sei l'Eterno Signor, e fonte di senso sei tu.
2. Tu sei qui, tu sei qui, sei l'Eterno Signor, e braccia di madre sei tu.
3. Tu sei qui, tu sei qui, sei l'Eterno Signor, mistero di vita sei tu.
4. Tu sei qui, tu sei qui, sei l'Eterno Signor, lì, oltre le stelle sei tu.

Sei nel sol del dì, la notte, fedel, tu m'hai protetto, Signor.

Sei nel sol del dì, la notte, fedel, tu m'hai protetto ancor.

Fine

1. Se m'involassi su ali d'alba fino ai confini del mar;
2. Quando mi siedo, quando riposo, quando mi alzo, Signor,
3. Sono miliardi i grani di rena, qui, sulla riva del mar.

D.C. al Fine

se m'assopissi infin tra i morti, la luce tua m'avvolgerà.
tu già conosci i miei pensieri ed anche sai dove andrò.
Se dall'abisso guardo, vedo le stelle in ciel, l'immensità.

Musica
Gerd-Peter Münden (2004) 2005

Testo
Anna Belli (2023), secondo «Du bist da»
di Jan von Lingen (2004) 2005, dal Salmo 139

Mutter Geist, mit deiner Fröhlichkeit (Kanon) 30

Musik
Peter Janssens 1987

Text
D Sybille Fritsch

Car sogn Spert ch'a nus legria das (canon) 30

Musica
Peter Janssens 1987

Text
R Andri Casanova (2023), tenor «Mutter Geist, mit deiner Fröhlichkeit» da Sybille Fritsch

R Sursilvan

Mère Esprit, ô source de ma joie (canon) 30

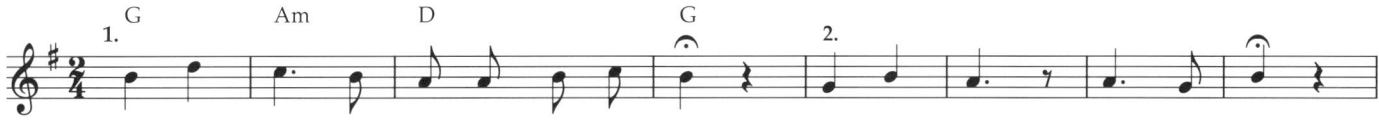

1. Mère Esprit, ô source de ma joie, Mère Esprit, sou-tiens-moi.
2. Sœur Esprit, toi qui m'ou-vres la voie, Sœur Esprit, gui-de-moi.
3. Toi, Esprit, lu-miè-re dans l'ef-froi, Toi, Esprit, gar-de-moi.
4. Mère Esprit, qui é-lar-gis ma vie, Mère Esprit, sois bé-nie !

Mère Esprit, ô source de ma joie, Mère Esprit, sou-tiens-moi.
Sœur Esprit, toi qui m'ou-vres la voie, Sœur Esprit, gui-de-moi.
Toi, Esprit, lu-miè-re dans l'ef-froi, Toi, Esprit, gar-de-moi.
Mère Esprit, qui é-lar-gis ma vie, Mère Esprit, sois bé-nie !

Musique
Peter Janssens 1987

Texte
F Hélène Küng (2023), d'après
   « Mutter Geist » de Sybille Fritsch

Spirito, o Madre, rendi in me (canone) 30

1. Spi-ri-to, o Madre, ren-di in me for-te e lie-to il cuor.
2. Spi-ri-to, So-rel-la, a-pri a me spa-zi per cam-mi-nar.
3. Spi-ri-to, A-mi-ca, av-vol-gi me con gen-til, for-te a-mor.
4. Spi-ri-to, o Madre, des-ta in me a-mor di li-ber-tà.

Spi-ri-to, o Madre, ren-di in me for-te e lie-to il cuor.
Spi-ri-to, So-rel-la, a-pri a me spa-zi per cam-mi-nar.
Spi-ri-to, A-mi-ca, av-vol-gi me con gen-til, for-te a-mor.
Spi-ri-to, o Madre, des-ta in me a-mor di li-ber-tà.

Musica
Peter Janssens 1987

Testo
I Anna Belli (2023), secondo
   «Mutter Geist, mit deiner
   Fröhlichkeit» di Sybille Fritsch

con spirito | Gesangheft der EKS | Livret de chants de l'EERS | Raccolta di inni della CERiS | Quadern da chant da la BERS

Wenn eine(r) alleine träumt (Kanon)   31
In siemi d'in sul carstgaun (canon)

Musik
Ludger Edelkötter 1983

Text
D Dom Hélder Pessoa Câmara
R Andri Casanova (2023) tenor
    «Wenn eine(r) alleine träumt»
    da Dom Hélder Pessoa Câmara

R Sursilvan

Vom Aufgang der Sonne (Kanon)   32
D'inu'l sulagl leiva (canon)

Musik
Paul Ernst Ruppel (1938) 1949

Text
D Psalm 113,3
R tenor Psalm 113,3

R Puter

Gesänge | Chants | Canti | Chanzuns

Si tu restes seul(e) pour rêver (canon)
Il sogno d'un cuore sol (canone)
31

Si tu res - tes seul - (e) pour rê - ver, C'est un songe i - so - lé.
Il so - gno d'un so - lo cuor un so - gno sa - rà.

Mais si vous rê - vez en - sem - ble, C'est le com - men - ce - ment, Le dé - but
Il so - gno di mol - ti in - sie - me è, in - ve - ce, l'av - vio, sì, l'av - vio

d'une au - tre ré - a - li - té. O - sez rê - ver ! Si
d'u - na nuo - va re - al - tà. So - gnia - mo in - siem! Il

Musique
Ludger Edelkötter 1983

Texte
F Sophie Mermod-Gilliéron (2023), d'après « Wenn eine(r) alleine träumt » de Dom Hélder Pessoa Câmara

I Anna Belli (2023), secondo «Wenn eine(r) alleine träumt» di Dom Hélder Pessoa Câmara

Quand naît la lumière (canon)
Dal sorger del sole (canone)
32

Quand naît la lu - miè - re, Quand s'é - teint le feu du jour,
Dal sor - ger del so - le fi - no al suo tra - mon - to:

Cé - lé - brons par nos chants le Sei - gneur, Cé - lé - brons par nos chants le Sei - gneur.
sia lo - da - to il no - me del Si - gnor, sia lo - da - to il no - me del Si - gnor.

Musique
Paul Ernst Ruppel (1938) 1949

Texte
F d'après Psaume 113,3
I secondo il Salmo 113,3

Schweige und höre (Kanon) 33
Stai tgeu e teidla (canon)

Schwei-ge und hö-re, nei-ge dei-nes Her-zens Ohr, su-che den Frie-den.
Stai tgeu e tei-dla. Mo cul cor sas bein u-dir. Tscher-ca la pasch.

Musik
Terrye Coelho 1972 und
RG 1998 | GTM

Text
D Michael Hermes 1978, nach
   der Regel des Heiligen Benedikt
   (um 550)
R Flurina Cavegn (2023), tenor
   «Schweige und höre» da Michael
   Hermes 1978, tenor la regla
   da son Benedetg (enturn 550)

R Sursilvan

Komm, göttliches Licht 34
O glisch da nies Diu

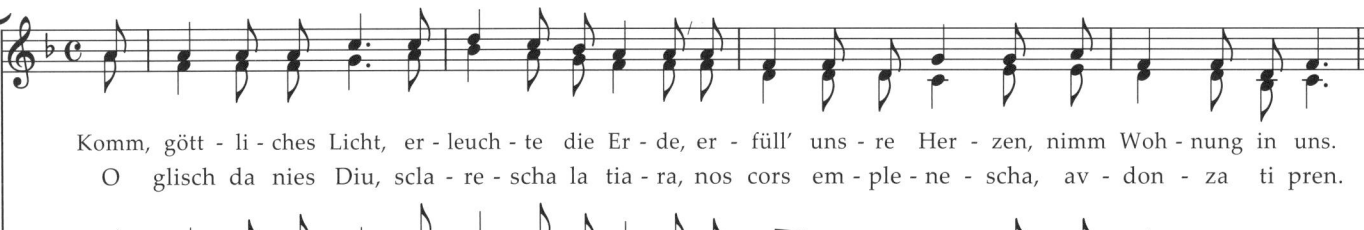

Komm, gött-li-ches Licht, er-leuch-te die Er-de, er-füll' uns-re Her-zen, nimm Woh-nung in uns.
O glisch da nies Diu, scla-re-scha la tia-ra, nos cors em-ple-ne-scha, av-don-za ti pren.

Musik
M Communauté de Grandchamp
   1985
S Benoît Zimmermann (2022)

Text
D Communauté de Grandchamp
   1985
R Jan-Andrea Bernhard (2023),
   tenor «Lumière de Dieu»
   da Communauté de Grandchamp
   1985

R Sursilvan

Fais-toi silence (canon)
Taci, ascolta (canone)

33

Fais-toi silence, Tends l'oreille de ton cœur, Paix dans ton âme.
Taci, ascolta con l'orecchio del tuo cuor, cerca la pace.

Musique
Terrye Coelho 1972
et RG 1998 | GTM

Texte
F   Samuel Cosandey 2023, d'après
« Schweige und höre » de Michael
Hermes 1978, d'après la règle
de saint Benoît (vers 550)

I   Anna Belli (2023), secondo
«Schweige und höre» di Michael
Hermes 1978, secondo la regola
di San Benedetto (550 circa)

Lumière de Dieu
O luce di Dio

34

Lumière de Dieu, inonde la terre, visite nos cœurs et demeure avec nous.
O luce di Dio, illumina il mondo, discendi nel cuor, e dimora con noi.

Musique
M   Communauté de Grandchamp 1985

H   Benoît Zimmermann (2022)

Texte
F   Communauté de Grandchamp 1985

I   Anna Belli (2023), secondo
«Lumière de Dieu» della
Communauté de Grandchamp
1985

con spirito | Gesangheft der EKS | Livret de chants de l'EERS | Raccolta di inni della CERiS | Quadern da chant da la BERS

Im Dunkel unsrer Nacht
En nossa stgira notg

35

Im Dunkel unsrer Nacht, entzünde das Feuer, das nie mehr erlischt, das niemals mehr erlischt. Im Dunkel unsrer Nacht, entzünde das Feuer, das nie mehr erlischt, das niemals mehr erlischt. Im Dunkel unsrer

En nossa stgira notg en vida la flomma da l'amur, signur, da l'amur, signur. En nossa stgira notg en vida la flomma da l'amur, signur, da l'amur, signur. En nossa stgira

Musik

Jacques Berthier 1984

Text

D Communauté de Taizé, nach frère Roger 1984

R Hans-Peter Schreich-Stuppan (2023), tenor «Dans nos obscurités» da la Communauté de Taizé, tenor frère Roger 1984

R Rumantsch grischun

Dans nos obscurités
In questa oscurità

35

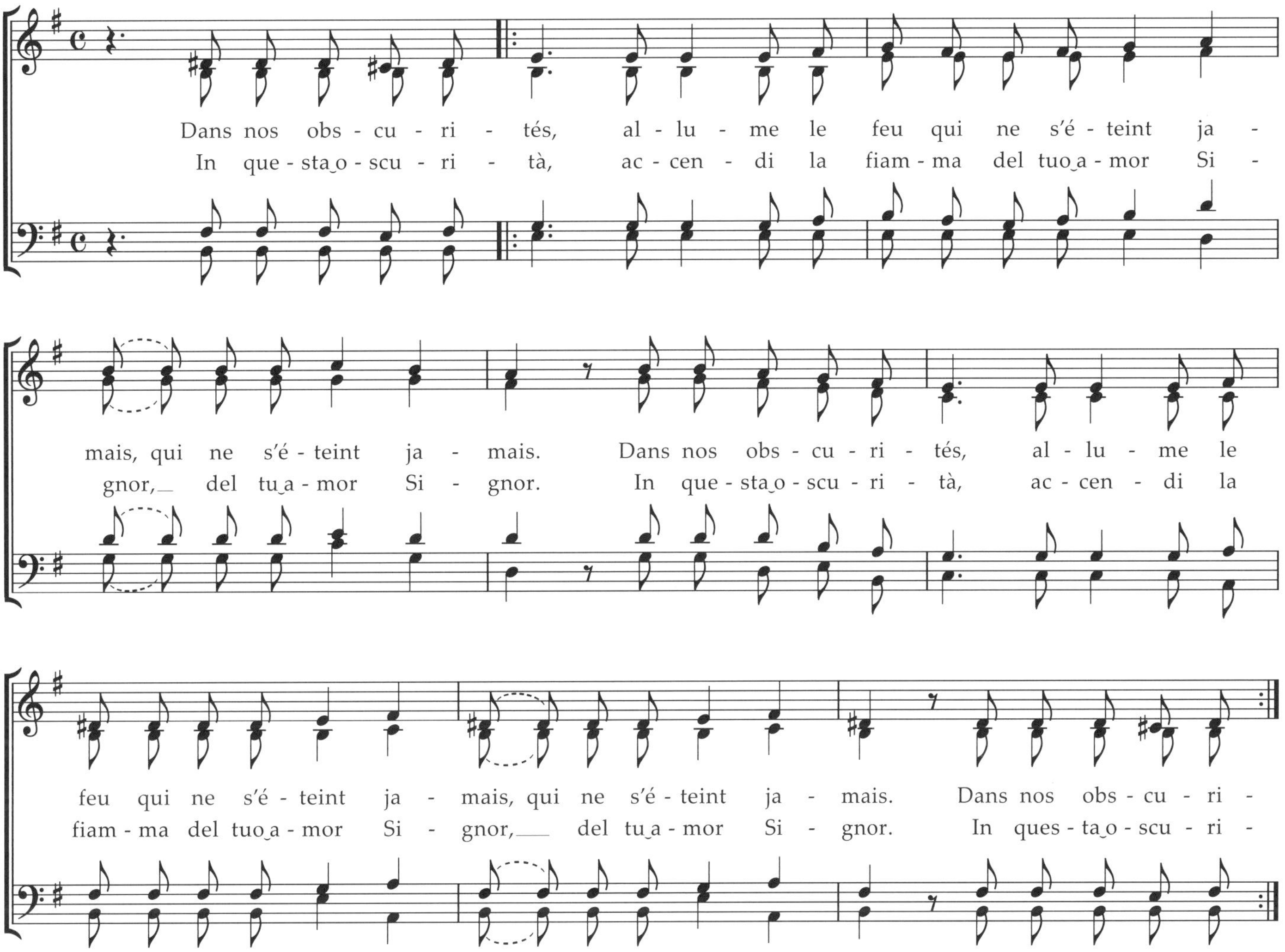
Dans nos obs - cu - ri - tés, al - lu - me le feu qui ne s'é - teint ja -
In que - sta o - scu - ri - tà, ac - cen - di la fiam - ma del tuo a - mor Si -
mais, qui ne s'é - teint ja - mais. Dans nos obs - cu - ri - tés, al - lu - me le
gnor, del tu a - mor Si - gnor. In que - sta o - scu - ri - tà, ac - cen - di la
feu qui ne s'é - teint ja - mais, qui ne s'é - teint ja - mais. Dans nos obs - cu - ri -
fiam - ma del tuo a - mor Si - gnor, del tu a - mor Si - gnor. In ques - ta o - scu - ri -

Musique

Jacques Berthier 1984

Texte

F Communauté de Taizé, d'après frère Roger 1984

I Communauté de Taizé, secondo frère Roger 1984

Christus, dein Licht
Jesus, ta glisch

36

Musik

Jacques Berthier 1995

Text

D Communauté de Taizé, nach einem Gebet von Frère Roger 1995, inspiriert vom Heiligen Augustin

R Hans-Peter Schreich-Stuppan (2023), tenor «Jésus le Christ» da la Communauté de Taizé, sin basa d'ina uraziun da frère Roger 1995, inspirà da songt Augustin

R Rumantsch grischun

Jésus le Christ
Cristo Gesù

36

Musique

Jacques Berthier 1995

Texte

F   Communauté de Taizé, d'après une prière de frère Roger 1995, inspirée de saint Augustin

I   Communauté de Taizé, secondo una preghiera di frère Roger 1995, ispirata a Sant'Agostino

El Senyor és la meva força
Meine Hoffnung und meine Freude
Miu plascher e mia speronza

37

Musik
  Jacques Berthier 1989

Text
- C (català): Communauté de Taizé, després Isaïes 12,2
- D Communauté de Taizé, nach Jesaja 12,2
- R Alice Bertogg-Darms 2004, tenor «Meine Hoffnung und meine Freude» da la Communauté de Taizé, tenor Jesaja 12,2

R Sursilvan

37

Ô ma joie et mon espérance
Il Signor è la mia forza

Musique
Jacques Berthier 1989

Texte
F   Communauté de Taizé,
d'après Ésaïe 12,2
I   Communauté de Taizé,
secondo Isaia 12,2

Laudate omnes gentes

38

Musik
Jacques Berthier 1980

Text
nach Psalm 117

Laudate Dominum

39

Musik
Jacques Berthier 1980

Text
nach Psalm 117

Tui amoris ignem (Veni Sancte Spiritus) 40

Musique
Jacques Berthier 1992/1993

Texte
extrait de « Veni Sancte Spiritus » (11ᵉ s.)

Sanctus (canon) 41

Musique
Communauté de Taizé

Texte
début de « Sanctus, sanctus, sanctus » (4ᵉ s.)

Ubi caritas

zu zwei Stimmen | à deux voix

U - bi ca - ri - tas et a - mor, u - bi ca - ri - tas, De - us i - bi est.

zu vier Stimmen | à quatre voix

U - bi ca - ri - tas et a - mor, u - bi ca - ri - tas, De - us i - bi est.

Musik
Jacques Berthier 1981/1994

Text
nach dem Kehrvers von «Congregavit nos in unum» (11. Jh.)

Sende aus deinen Geist
Dieu, trametta tes Spiert

Sen - de aus dei - nen Geist und das Ant - litz der Er - de wird neu.
Dieu, tra - met - ta tes Spiert che dat no - va vit' al mund en - tir.

Musik
M Albert Jenny 1966
S Samuel Cosandey (2023)

Text
D nach Psalm 104,30
R Andri Casanova (2023), tenor Psalm 104,30
R Rumantsch grischun

Hagios ho Theos

43

Musique
trisagion de la liturgie orthodoxe grecque

Texte
répons liturgique (5e s.)

Mets en nous ton Esprit
Vieni qui, Spirito

44

Musique
M Albert Jenny 1966
H Samuel Cosandey (2023)

Texte
F GTM, d'après Psaume 104,30
I Anna Belli (2023), secondo Salmo 104,30

Kyrie eleison (Taizé) 45

Musik
Jacques Berthier 1977

Text
liturgischer Ruf

Kyrie eleison (Kanon) 46

Musik
Herkunft unbekannt

Text
liturgischer Ruf

Kyrie eleison (orthodoxe) 47

Musique
« Kyrie eleison » de la liturgie orthodoxe ukrainienne

Texte
répons liturgique

Kyrie eleison (Reindorf) 48

Musique
M   Dinah Reindorf 1987
H   Elie Jolliet (2023)

Texte
répons liturgique

Gloria a Dios 49

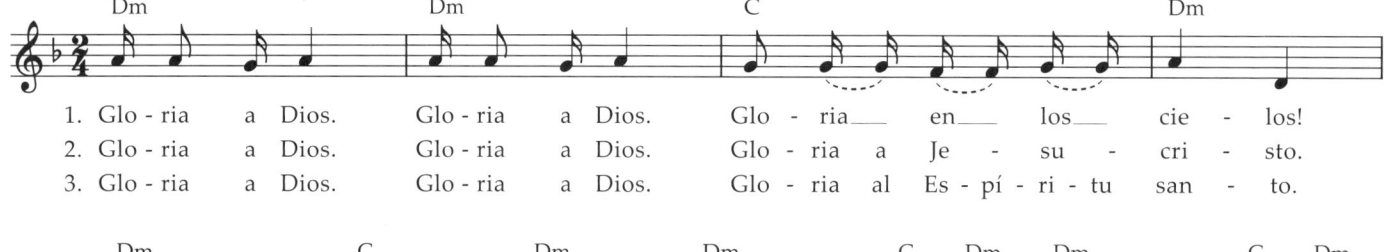

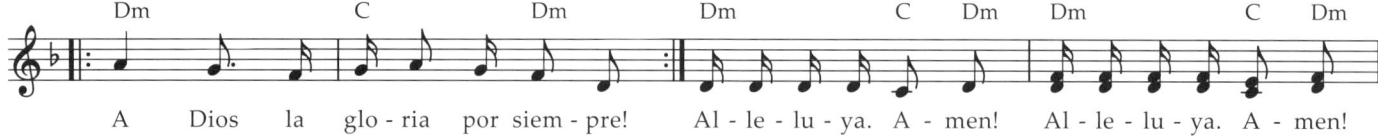

Musik
aus Peru

Text
aus Peru, nach «Gloria in excelsis Deo» (4. Jh.)

May the words 50

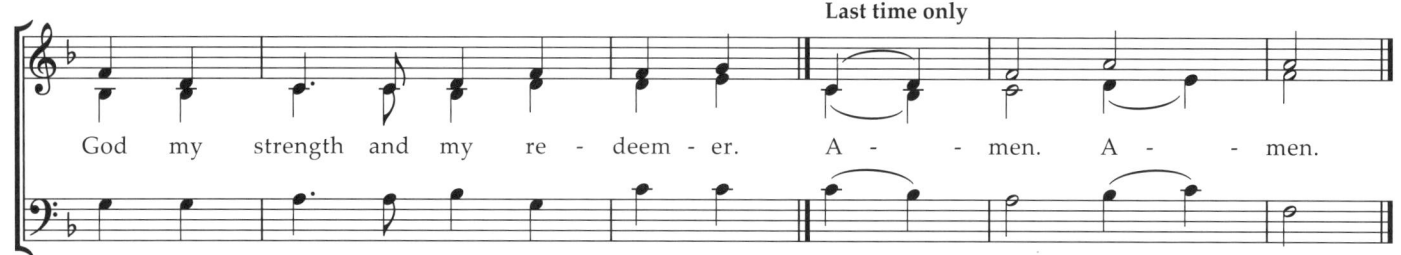

Musik
M John Lamberton Bell 1993, Seearem
S John Lamberton Bell 1993

Text
Iona Community, nach Psalm 19,15

Alleluia   51

Al - le - lu - ia! Al - le - lu - ia! Al - le - lu - ia! Al - le - lu - ia!

Musique
Norah Duncan IV 1987

Texte
répons liturgique

Dona nobis pacem (canon)   52

Do - na no - bis pa - cem, pa - cem; do - na no - bis pa - cem.

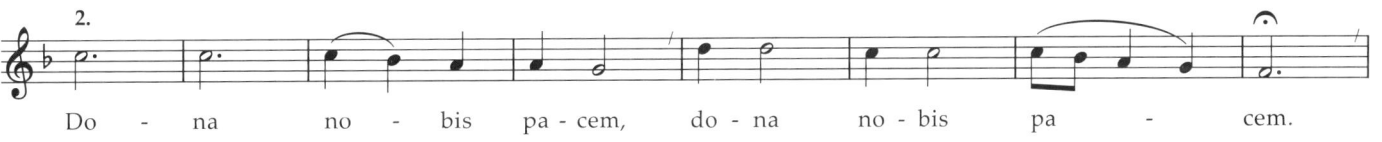

Do - na no - bis pa - cem, do - na no - bis pa - cem.

Do - na no - bis pa - cem, do - na no - bis pa - cem.

Musique
origine inconnue

Texte
conclusion de « Agnus Dei » (7ᵉ s.)

Für Speis und Trank (Kanon)
Per quai bun past (canon)

53

Für Speis und Trank, fürs täg-lich Brot, wir dan-ken dir, o Gott!
Per quai bun past, per min-tga giast a Dieu nus laud chan-tain!

Musik
Herkunft unbekannt

Text
D Herkunft unbekannt
R Andri Casanova (2023)
R Rumantsch grischun

Danket, danket dem Herrn (Kanon)
Ingrazchai a vos Dieu (canon)

54

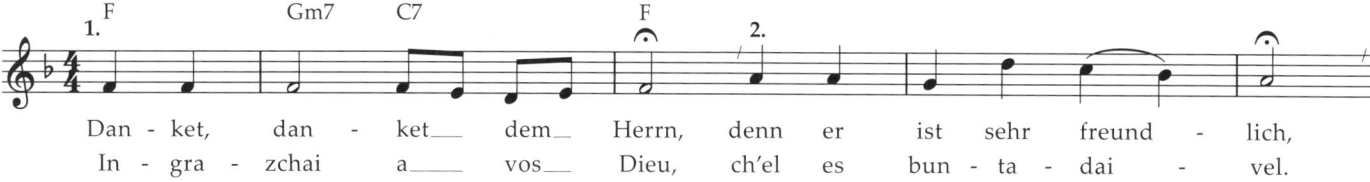

Dan-ket, dan-ket dem Herrn, denn er ist sehr freund-lich,
In-gra-zchai a vos Dieu, ch'el es bun-ta-dai-vel.

sei-ne Güt und Wahr-heit wäh-ret e-wig-lich.
Sa var-dà e gra-zcha dü-ra in e-tern.

Musik
Herkunft unbekannt (18. Jh.)

Text
D nach Psalm 136,1
R tenor Psalm 136,1
R Vallader

Pour ce repas (canon)
Per pane e vin (canone)

53

Pour ce re- pas, Pour tou- te joie, Nous te lou- ons, Sei- gneur !
Per pa- ne e vin di o- gni dì Ti rin- gra- ziam, Si- gnor!

Musique
origine inconnue (18ᵉ s.)

Texte
F origine inconnue
I Anna Belli (2023)

Rendons grâce au Seigneur (canon)
Ringraziam il Signor (canone)

54

Ren- dons grâce au Sei- gneur, Il est cha- ri- ta- ble,
Rin- gra- ziam il Si- gnor, per- ché E- gli è buo- no;

Sa bon- té, sa vé- ri- té Du- rent pour l'é- ter- ni- té.
e la su- a gra- zia du- ra in e- ter- ni- tà.

Musique
Origine inconnue (18ᵉ s.)

Texte
F d'après Psaume 136,1
I Dieter Kampen e Ulrich Eckert
   2010, secondo Salmo 136,1

Liturgische Elemente für den Gottesdienst

Éléments liturgiques pour un culte

Elementi liturgici per il culto

Elements liturgics per il cult divin

Unser Vater
Notre Père

Padre nostro

D

Unser Vater im Himmel.
Geheiligt werde dein Name.
Dein Reich komme.
Dein Wille geschehe,
wie im Himmel, so auf Erden.
Unser tägliches Brot gib uns heute.
Und vergib uns unsere Schuld,
wie auch wir vergeben unsern Schuldigern.
Und führe uns nicht in Versuchung,
sondern erlöse uns von dem Bösen.
Denn dein ist das Reich,
und die Kraft
und die Herrlichkeit,
in Ewigkeit.
Amen.

F

Notre Père qui es aux cieux,
que ton nom soit sanctifié,
que ton règne vienne,
que ta volonté soit faite sur la terre comme au ciel.
Donne-nous aujourd'hui notre pain de ce jour.
Pardonne-nous nos offenses,
comme nous pardonnons aussi
à ceux qui nous ont offensés.
Et ne nous laisse pas entrer en tentation,
mais délivre-nous du mal,
car c'est à toi qu'appartiennent
le règne, la puissance et la gloire,
pour les siècles des siècles.
Amen.

I

Padre nostro, che sei nei cieli,
sia santificato il tuo nome,
venga il tuo regno,
sia fatta la tua volontà,
come in cielo anche in terra.
Dacci oggi il nostro pane quotidiano,
e rimetti a noi i nostri debiti
come noi li rimettiamo ai nostri debitori,
e non esporci alla tentazione,
ma liberaci dal male.
Tuo è il regno,
la potenza e la gloria
nei secoli dei secoli.
Amen.

Bab nos
Bap nos
Bab noss

The Lord's Prayer

R Sursilvan

Bab nos, qual che ti eis en tschiel,
sogns vegni fatgs tiu num,
tiu reginavel vegni tier nus,
tia veglia daventi
sin tiara sco en tschiel.
Nies paun da mintga gi dai a nus oz,
e perduna a nus nos puccaus,
sco era nus perdunein a nos culponts,
e meina nus buc en empruament,
mobein spendra nus dil mal.
Pertgei tes ei il reginavel,
la pussonza e la gliergia a semper.
Amen.

R Vallader

Bap nos, tü chi est in tschêl,
fat sonch vegna teis nom,
teis reginam vegna nanpro,
tia vöglia dvainta sco in tschêl
uschè eir sün terra.
Nos pan d'iminchadi dà a nus hoz,
e parduna'ns noss debits,
sco cha eir nus pardunain a noss debitaduors,
e nun ans manar in provamaint,
ma spendra'ns dal mal.
Perche teis es il reginam,
la pussanza e la gloria in etern!
Amen.

R Rumantsch grischun

Bab noss, ti che es en tschiel,
sanctifitgà vegnia tes num;
tes reginavel vegnia tar nus,
tia veglia daventia,
sin terra sco en tschiel.
Noss paun da mintgadi dà a nus oz,
ed ans perduna noss debits,
sco era nus perdunain a noss debiturs.
E n'ans maina betg en empruvament,
ma spendra nus dal mal.
Pertge tes è il reginavel,
la pussanza e la gloria en etern.
Amen.

E

Our Father who art in heaven,
hallowed be thy name;
thy kingdom come;
thy will be done
on earth as it is in heaven.
Give us this day our daily bread;
and forgive us our trespasses,
as we forgive those who trespass against us;
and lead us not into temptation,
but deliver us from evil.
For thine is the kingdom,
and the power and the glory
for ever and ever.
Amen.

Apostolisches Glaubensbekenntnis
Symbole des apôtres

56

D

Ich glaube an Gott,
den Vater, den Allmächtigen,
den Schöpfer des Himmels und der Erde,
und an Jesus Christus,
seinen eingeborenen Sohn, unsern Herrn,
empfangen durch den Heiligen Geist,
geboren von der Jungfrau Maria,
gelitten unter Pontius Pilatus,
gekreuzigt, gestorben und begraben,
hinabgestiegen in das Reich des Todes,
am dritten Tage auferstanden von den Toten,
aufgefahren in den Himmel;
er sitzt zur Rechten Gottes, des allmächtigen Vaters;
von dort wird er kommen,
zu richten die Lebenden und die Toten.
Ich glaube an den Heiligen Geist,
die heilige, allgemeine, christliche Kirche,
Gemeinschaft der Heiligen,
Vergebung der Sünden,
Auferstehung der Toten und das ewige Leben.
Amen.

F

Je crois en Dieu
le Père tout-puissant,
créateur du ciel et de la terre.
Je crois en Jésus-Christ, son fils unique, notre Seigneur,
qui a été conçu du Saint-Esprit
et qui est né de la vierge Marie ;
il a souffert sous Ponce Pilate,
il a été crucifié, il est mort,
il a été enseveli,
il est descendu aux enfers ;
le troisième jour, il est ressuscité des morts.
Il est monté au ciel,
il siège à la droite de Dieu, le Père tout-puissant ;
il viendra de là pour juger les vivants et les morts.
Je crois en l'Esprit Saint ;
je crois la sainte Église universelle,
la communion des saints,
la rémission des péchés,
la résurrection de la chair
et la vie éternelle.
Amen.

Gesangbuch der Evangelisch-
reformierten Kirchen der deutsch-
sprachigen Schweiz, Basel/Zürich 1998,
Nr. 263

Alléluia, Un recueil de chants
au service des Églises francophones,
Éditions Olivétan, Lyon 2016

Credo apostolico
Confessiun da cretta apostolica

I

Credo in Dio,
Padre onnipotente,
creatore del cielo e della terra.
E in Gesù Cristo, suo Figlio unigenito, Signore nostro,
il quale fu concepito di Spirito Santo,
nacque da Maria vergine,
patì sotto Ponzio Pilato,
fu crocifisso, morì e fu sepolto.
Discese nel soggiorno dei morti,
il terzo giorno risuscitò,
salì al cielo, siede alla destra di Dio, Padre onnipotente.
Di là verrà a giudicare i vivi e i morti.
Credo nello Spirito Santo,
la santa chiesa universale,
la comunione dei santi,
la remissione dei peccati,
la risurrezione dei corpi
e la vita eterna.
Amen.

R Rumantsch grischun

Jau crai en Dieu,
il Bab tutpussant,
il creatur dal tschiel e da la terra.
Jau crai en Jesus Cristus,
ses unic Figl, noss Segner,
ch'è daventà uman tras il Sontg Spiert
ed è naschì da Maria virgina.
El ha suffert sut Ponzius Pilatus,
el è vegnì crucifitgà, el è mort e vegnì sepulì.
El ès ì giu en il lieu da la mort;
el è levà il terz di dals morts,
el ès ì a tschiel
e sesa da la vart dretga da Dieu, il Bab tutpussant.
Da là vegn el a vegnir
a sentenziar ils vivs ed ils morts.
Jau crai en il Sontg Spiert,
la sontga Baselgia universala,
la cuminanza dals sontgs,
il perdun dals putgads,
la levada dals morts
e la vita eterna.
Amen.

R Sursilvan

Jeu creiel enten Diu, Bab tutpussent,
scaffider dil tschiel e dalla tiara.
Ed enten siu sulet sogn Fegl, Niessegner Jesus Cristus,
il qual ei retscharts dil sogn Spert,
naschius dalla giuvna Maria.
Ha endirau sut Pontius Pilatus,
ei vegnius crucifigaus, morts e satraus.
Ei ius giu enten ils uffiarns,
il tierz gi levaus si da mort en veta,
ei ius a tschiel e sesa da vart dretga dil Bab tutpussent,
danunder ch'el vegn a vegnir a derschar sur vivs e morts.
Jeu creiel enten il sogn Spert,
ina sontga Baselgia universala,
cuminonza dils sogns,
remischun dils puccaus,
levada dalla carn
e la veta perpetna.
Amen.

Innario cristiano, Nuova edizione,
Claudiana Torino 2000

Hans-Peter Schreich: Cardientschas
refurmadas, Valchava 2010 (na publitgà)

Clom. Cudisch da cant ecumen per
las baselgias dalla Sur- e Sutselva,
Glion/Poschiavo [ediziun en preparaziun]

Apostles' Creed

E

I believe in God,
the Father almighty,
creator of heaven and earth.
I believe in Jesus Christ,
his only Son, our Lord.
He was conceived by the power of the Holy Spirit
and born of the Virgin Mary.
He suffered under Pontius Pilate,
was crucified, died, and was buried.
He descended to the dead.
On the third day he rose again.
He ascended into heaven,
and is seated at the right hand of the Father.
He will come again to judge the living and the dead.
I believe in the Holy Spirit,
the holy catholic Church,
the communion of saints,
the forgiveness of sins,
the resurrection of the body,
and the life everlasting.
Amen.

Laudate omnes gentes, praying together, München 2010, 48.

ein nachapostolisches bekenntnis (Kurt Marti)
une confession post-apostolique (Kurt Marti)

D

ich glaube an gott
der liebe ist
den schöpfer des himmels und der erde

ich glaube an jesus
sein menschgewordenes wort
den messias der bedrängten und unterdrückten
der das reich gottes verkündet hat
und gekreuzigt wurde deswegen
ausgeliefert wie wir der vernichtung des todes
aber am dritten tag auferstanden
um weiterzuwirken für unsere befreiung
bis dass gott alles in allem sein wird

ich glaube an den heiligen geist
der uns zu mitstreitern des auferstandenen macht
zu brüdern und schwestern derer
die für gerechtigkeit kämpfen und leiden

ich glaube an die gemeinschaft
der weltweiten kirche
an die vergebung der sünden
an den frieden auf erden
für den zu arbeiten sinn hat
und an die erfüllung des lebens
über unser leben hinaus

amen

F

je crois en dieu
qui est amour
le créateur du ciel et de la terre

je crois en jésus
parole de dieu faite homme
le messie des affligés et des opprimés
il a annoncé le royaume de dieu
pour lequel il a été crucifié
livré comme nous à la destruction de la mort
mais ressuscité le troisième jour pour œuvrer encore
et toujours à notre libération
jusqu'à ce que dieu soit tout en tous

je crois en l'esprit saint
qui fait de nous des compagnons de lutte du ressuscité
des frères et sœurs de tous ceux qui combattent
et souffrent pour la justice

je crois à la communion
de l'église universelle
au pardon des péchés
à la paix sur la terre
s'y consacrer fait sens
je crois que la vie s'épanouira
pleinement par delà notre vie

amen

Kurt Marti, abendland. gedichte,
Hermann Luchterhand Verlag,
Darmstadt und Neuwied 1980

© Kurt Marti-Stiftung, Bern

© Kurt Marti-Stiftung, Bern

una confessione post-apostolica (Kurt Marti)
ina confessiun post-apostolica (Kurt Marti)

I

credo in dio
che è amore,
il creatore del cielo e della terra

credo in gesù
la sua parola divenuta essere umano
il messia dei tormentati e degli oppressi
che ha annunciato il regno di dio
ed è stato crocifisso per questo abbandonato come noi
all'annientamento della morte
ma il terzo giorno risorto
per agire ancora per la nostra liberazione
finché dio sarà tutto in tutto

credo nello spirito santo
che ci rende compagni del risorto
fratelli e sorelle di coloro
che per la giustizia combattono e soffrono

credo nella comunione
della chiesa universale
al perdono dei peccati
alla pace sulla terra
per la quale ha senso lavorare
e a un compimento della vita
oltre la nostra vita

amen

R Rumantsch grischun

jau ma fid en dieu
ch'è amur
il creatur dal tschiel e da la terra

jau crai en jesus
il pled da dieu daventà uman
il messias dals turmentads ed opprimids
che ha proclamà il reginam da dieu
perquai è'l vegnì crucifitgà
e surdà a la destrucziun tras la mort sco nus
ma il terz di è el levà dals morts
per operar vinavant per nossa deliberaziun
enfin che dieu vegn ad esser tut en tut

jau ma fid en il sontg spiert
che fa daventar nus collavuraturs dal resuscità
soras e frars da quels
che cumbattan per giustia e che pateschan

jau crai en la cuminanza
da la baselgia mundiala
en il perdun dals putgads
en la pasch sin terra
per la quala da lavurar fa senn
ed en l'accumpliment da la vita
sur nossa vita ora

amen

© Kurt Marti-Stiftung, Bern
© Kurt Marti-Stiftung, Bern

Credo (Dorothee Sölle)

D

ich glaube an gott
der die welt nicht fertig geschaffen hat
wie ein ding das immer so bleiben muss
der nicht nach ewigen gesetzen regiert
die unabänderlich gelten
nicht nach natürlichen ordnungen
von armen und reichen
sachverständigen und uniformierten
herrschenden und ausgelieferten
ich glaube an gott
der den widerspruch des lebendigen will
und die veränderung aller zustände
durch unsere arbeit
durch unsere politik

ich glaube an jesus christus
der recht hatte als er
«ein einzelner der nichts machen kann»
genau wie wir
an der veränderung aller zustände arbeitete
und darüber zugrunde ging
an ihm messend erkenne ich
wie unsere intelligenz verkrüppelt
unsere fantasie erstickt
unsere anstrengung vertan ist
weil wir nicht leben wie er lebte
jeden tag habe ich angst
dass er umsonst gestorben ist
weil er in unseren kirchen verscharrt ist,
weil wir seine revolution verraten haben
in gehorsam und angst
vor den behörden

ich glaube an jesus christus
der aufersteht in unser leben
dass wir frei werden
von vorurteilen und anmaßung
von angst und hass
und seine revolution weitertreiben
auf sein reich hin

ich glaube an den geist
der mit jesus in die welt gekommen ist
an die gemeinschaft aller völker
und unsere verantwortung für das
was aus unserer erde wird:
ein tal voll jammer hunger und gewalt
oder die stadt gottes
Ich glaube an den gerechten frieden
der herstellbar ist
an die möglichkeit eines sinnvollen lebens
für alle menschen
an die zukunft dieser welt gottes

amen.

Dorothee Sölle, Meditationen
& Gebrauchstexte, Berlin 1969

© Wolfgang Fietkau Verlag, Berlin

Credo (Dorothee Sölle)

F

je crois en dieu
qui n'a pas créé le monde comme un objet terminé,
destiné à demeurer tel qu'il est
je crois en dieu
qui ne gouverne pas selon des lois éternelles et
immuables, ni selon l'ordre naturel qui institue
des pauvres et des riches
des spécialistes et des conformistes
des dominants et des dominés
je crois en dieu
qui veut la contestation du vivant et la transformation
de l'état des choses
à travers notre travail
à travers notre politique

je crois en jésus christ
qui avait raison en tant qu'« un seul ne peut rien faire »
tout comme nous il a travaillé à la transformation
de l'état des choses
et il y a laissé sa vie
à son échelle, je mesure à quel point notre intelligence
est estropiée
notre imagination étouffée
nos efforts inutiles
parce que nous ne vivons pas comme il vivait
chaque jour, j'ai peur qu'il soit mort pour rien
parce qu'il est enfoui dans nos églises
parce que nous avons trahi sa révolution par obéissance
et par peur des autorités

je crois en jésus christ qui ressuscite dans notre vie
afin que nous soyons libres des préjugés et de l'orgueil
de la peur et de la haine
et que nous poursuivions sa révolution en vue
de son royaume

je crois en l'esprit qui est venu dans le monde avec jésus
je crois à la communion de tous les peuples et à notre
responsabilité face à l'avenir de notre terre : une vallée
remplie de misère, de faim et de violence ou la cité de dieu
je crois en la paix juste
qui peut être établie
en la possibilité d'une vie qui a du sens pour tous les
êtres humains
en l'avenir de ce monde de dieu

amen.

Credo (Dorothee Sölle)

credo in dio
che non ha creato il mondo bell'e che pronto
come qualcosa che deve rimanere sempre uguale;
che non governa secondo leggi eterne,
sempre valide e immutabili;
né secondo un ordine naturale
che distingue tra ricchi e poveri,
tra esperti e omologati,
tra chi ha potere e chi è in balia di altri.
credo in dio
che vuole che i viventi sollevino obiezioni
e vuole che tutte le condizioni cambino
attraverso il nostro lavoro,
attraverso la nostra politica.

credo in gesù cristo
che aveva ragione quando –
lui, che proprio come noi era
«un singolo che nulla può» –
si impegnava per il cambiamento di tutte le condizioni
e per questo perì.
misurandomi con lui, riconosco
che la nostra intelligenza è storpiata,
la nostra immaginazione è soffocata,
i nostri sforzi sono sprecati,
perché non viviamo come lui ha vissuto.
Ogni giorno ho paura
che sia morto invano,
perché è sepolto nelle nostre chiese,
perché abbiamo tradito la sua rivoluzione
per obbedienza alle autorità
e per timore di esse.

credo in gesù cristo
che risorge nella nostra vita
affinché ci liberiamo
da pregiudizi e presunzione,
dalla paura e dall'odio,
e affinché continuiamo la sua rivoluzione
verso il suo regno.

credo nello spirito
che è venuto nel mondo con gesù,
nella comunione di tutti i popoli
e nella nostra responsabilità per ciò che
ne sarà della nostra terra:
una valle di lacrime, fame e violenza oppure:
la città di dio.
credo nella possibilità
di stabilire una pace giusta,
nella possibilità di una vita sensata
per tutte le persone,
nel futuro di questo mondo di dio.

amen.

© Wolfgang Fietkau Verlag, Berlin

Credo (Dorothee Sölle)

R Rumantsch grischun

jau crai en dieu
che n'ha betg creà a fin il mund
sco in object che vess adina da restar uschia
che na regna betg suenter leschas eternas
che valan nunmidablamain
betg suenter classificaziuns natiralas
da povers e ritgs
spezialists ed uniformads
dominants e dependents

jau crai en dieu
che vul avair l'opposiziun dal vivent
ed il midament da tut las relaziuns
tras nossa lavur
tras nossa politica

jau crai en jesus cristus
ch'aveva gì raschun cur ch'el sco
«in singul che na po far nagut»
precis sco nus
ha lavurà vi dal midament da tut las relaziuns
e che pervi da quai ès ì en malura
ma mesirond cun el realisesch jau
sco che noss'intelligenza sa struptgescha
nossa fantasia stenschenta
nossa stenta è invana
perquai che nus na vivain betg sco ch'el ha vivì
mintga di hai jau tema
ch'el saja mort per nagut
perquai ch'el è sutterrà en nossas baselgias
perquai che nus avain tradì sia revoluziun
en obedientscha e tema
da las autoritads

jau crai en jesus cristus
che leva en nossa vita
per che nus daventian libers
da pregiudizis ed arroganza
da tema ed odi
e promovian sia revoluziun
en vista da ses reginam

jau crai en il spiert
che cun jesus è vegnì en il mund
en la cuminanza da tut ils pievels
ed en nossa responsabladad per quai
che daventa da nossa terra
ina vallada plaina da fom e violenza
u la citad da dieu

jau crai en la pasch gista
che sa lascha realisar
en la pussaivladad d'ina vita che fa senn
per tut ils umans
en l'avegnir da quest mund da dieu

amen.

Glaubensbekenntnis (aus Südafrika)
Confession de foi (d'Afrique du Sud)

D

Wir glauben an Gott, den Vater,
der die ganze Welt erschaffen hat,
der alle Dinge zusammenbringen wird,
und der will, dass alle Menschen zusammenleben,
wie Brüder und Schwestern, als eine Familie.

Wir glauben an Gott, den Sohn,
der Mensch geworden ist,
der gestorben und auferstanden ist
der die ganze Welt mit Gott versöhnt hat,
der alle Mauern niederreisst, die Menschen voneinander trennen,
alle Schranken der Religion, der Klasse, der Rasse und der Kultur,
um eine geeinte Menschheit zu schaffen.
Er ist Herr über alles.
Er ruft jeden Menschen und die ganze Gesellschaft,
die Kirche und den Staat auf,
sich für Versöhnung, Einheit,
Gerechtigkeit und Freiheit einzusetzen.

Wir glauben an Gott, den Geist,
der Verheissung des kommenden Reiches Gottes ist,
Er verleiht der Kirche die Kraft,
Gottes gute Nachricht zu verkünden,
alle Menschen zu lieben und ihnen zu dienen,
für Gerechtigkeit und Frieden zu kämpfen
die ganze Welt zur Umkehr aufzurufen,
und Jesus Christus zu vertrauen,
der in Herrlichkeit kommen wird.
Amen.

F

Nous croyons en Dieu, le Père
qui a créé le monde entier,
qui réunira toutes choses,
et qui veut que tous les hommes vivent ensemble,
comme des frères et des sœurs en une même famille.

Nous croyons en Dieu, le Fils
qui s'est fait homme,
qui est mort et qui est ressuscité en gloire,
réconciliant le monde entier avec Dieu,
renversant tous les murs qui séparent les hommes,
toutes les barrières de religion, de classe, de race
et de culture,
afin de créer une humanité unie.
Il est l'unique Seigneur qui a autorité sur tout.
Il appelle chaque homme et la société,
l'Église et l'État, à la réconciliation, à l'unité,
à la justice et la liberté.

Nous croyons en Dieu, l'Esprit
qui est la promesse du royaume de Dieu qui vient,
qui nous donne le pouvoir d'annoncer le jugement de Dieu
et son pardon pour les hommes et les nations,
d'aimer et de servir tous les hommes,
de lutter pour la justice et la paix
et d'appeler le monde entier à reconnaître,
ici et maintenant, le règne de Dieu.
Amen.

Presbyterianische Kirche im südlichen
Afrika, 1973

Église presbytérienne d'Afrique du Sud,
1973

Source : Alléluja. Un recueil de chants
au service des Églises fancophones,
Éditions Olivétan, Lyon 2005

Confessione di fede (del Sudafrica)
Confessiun da cretta (da l'Africa dal Sid)

I

Crediamo in Dio Padre che ha creato il mondo intero,
Che riunirà tutte le cose in Cristo
E che vuole che tutti gli uomini e le donne vivano insieme
Come fratelli e sorelle in una stessa famiglia.

Crediamo in Dio Figlio
Che s'è fatto uomo, è morto ed è risuscitato in gloria
Riconciliando il mondo intero con Dio,
Rovesciando tutti i muri che separano gli umani,
Tutte le barriere di religione, di razza, di cultura o di classe
per creare l'umanità unita.
Egli è l'unico Signore che ha autorità su tutto.
Egli chiama ogni persona e allo stesso tempo la società
la Chiesa e allo stesso tempo lo Stato,
alla riconciliazione, all'unità, alla giustizia e alla libertà.

Crediamo in Dio Spirito Santo
che è la promessa del Regno che viene,
che ci dà il potere di annunciare il giudizio di Dio,
il suo perdono per le persone umane e le nazioni,
di amare e servire tutti gli umani,
di lottare per la giustizia e la pace
e di chiamare il mondo intero
a riconoscere qui ed ora il regno di Dio.
Amen.

R Rumantsch grischun

Nus crajain en Dieu il Bab che ha creà il mund entir,
che vegn a reunir tut las chaussas en Cristus,
che vul che tut ils umens e tuttas las dunnas vivian ensemen
sco frars e soras en la medema famiglia.

Nus crajain en Dieu il Figl
ch'è daventà uman, è mort e levà en gloria.
El ha reconcilià il mund entir cun Dieu.
El ha disfatg tut ils mirs che separan ils umans,
tut las barrieras da religiun, da razzas, da cultura u da classa
per crear l'umanitad unida.
El è l'unic signur che ha autoritad sur da tut.
El cloma mintga persuna ed a medem temp la societad,
la baselgia ed a medem temp il stadi
a la reconciliaziun, a l'unitad, a la giustia ed a la libertad.

Nus crajain en Dieu il Sontg Spiert
ch'è l'empermischun dal reginam che vegn,
che dat a nus la forza d'annunziar il giudizi da Dieu,
ses perdun per las singulas persunas e las naziuns,
dad amar e da servir a tut ils umans,
da cumbatter per la giustia e la pasch
e da clamar il mund entir
a renconuscher qua ed ussa il reginam da Dieu.
Amen.

Chiesa presbiteriana del Sudafrica,
1973

Fonte: Innario Cristiano, Claudiana
Editrice, Torino 2000

Baselgia presbiteriana da l'Africa
dal Sid, 1973

Declaration of faith

E

We believe in God the Father, who created and rules
all the world,
who will unite all things in Christ
and who wants all his people to live together
as brothers and sisters in one family.

We believe in Jesus Christ, the Son,
who became human and lived
and died and rose in triumph
to reconcile both the individual and the world to God,
to break down every separating barrier
of race, culture or class,
and to unite all God's people into one body.
He is exalted as Lord over all,
the only Lord over every area of life.
He summons both the individual and society,
both the Church and the State,
to seek justice and freedom for all
and reconciliation and unity between all.

We believe in the Holy Spirit,
the foretaste of God's coming reign,
who gives the Church power
to proclaim the good news to all the world,
to love and serve all people,
to strive for justice and peace,
to warn the individual and the nation of God's judgement
and to summon them both to repent
and trust and obey Jesus Christ as
the King who will come in glory.
Amen.

Source: Presbyterian Church of Southern
Africa, 1973

Einsetzung von Mitgliedern der Synode der EKS
Installation des membres du Synode de l'EERS

60

Eröffnung
Liturgin oder Liturg

Die Verfassung der EKS sieht eine dreigliedrige Leitung vor: die synodale Leitung durch das Kirchenparlament; die kollegiale Leitung durch den Rat und die personale Leitung durch das Präsidium. Es ist ein Miteinander von Synode, Rat und Präsidium mit ihrer je eigenen Verantwortung in der Nachfolge Christi, dem Dienst der Kirche verpflichtet.

Zur Gemeinde

Liebe Schwestern und Brüder, liebe Synodale
Wir nehmen heute neue Mitglieder in unsere Synode auf.

Zu den gewählten Personen

Sie wurden von Ihren Kirchen in die Synode der Evangelisch-reformierten Kirche Schweiz EKS gewählt. Sie sind beauftragt, mit Ihren Gaben Ihren Kirchen bestmöglich zu dienen.

Es ist mir eine grosse Freude, Sie heute in diesem Gottesdienst offiziell als Vertreterinnen und Vertreter Ihrer Kirchen in Ihr neues Amt einzusetzen.

So nenne ich nun Ihre Namen und Ihre Kirche und bitte Sie, zu mir nach vorne zu kommen und sich im Halbkreis aufzustellen.

Aus der Kirche _____ wird/werden heute eingesetzt:

Nennung der Namen

Versprechen
Synode bedeutet «gemeinsamer Weg».
Wir sind als Evangelisch-reformierte Kirche Schweiz auf einem gemeinsamen Weg. Jede Mitgliedskirche bringt ihre Gaben mit. Jede ist anders, hat ihre eigene Geschichte und Prägung. Das ist eine grosse Bereicherung. Einen gemeinsamen Weg zu finden und in eine Richtung zu gehen, ist manchmal anspruchs-voll. Verbunden sind wir in Jesus Christus, der sich uns als Weg vorstellt und uns vorangeht.

Liebe Schwestern und Brüder, liebe Synodale,
Als Delegierte Ihrer jeweiligen Kirchen sind Sie neu Mitglieder der Synode der EKS und sind somit Mitglieder des obersten Organs der EKS.

Ouverture
Officiant-e

La constitution de l'EERS prévoit une direction tripartite : le Parlement de l'Église assure la direction synodale ; le Conseil assure la direction collégiale et la Présidence la direction personnelle.
Le Synode, le Conseil et la Présidence, chacun-e selon ses propres responsabilités, forment un ensemble au service de l'Église, à la suite du Christ.

A l'assemblée

Chers frères et sœurs, chers membres du Synode,
Nous accueillons aujourd'hui de nouveaux membres en notre Synode.

Aux personnes élues

Vous avez été élu-es par votre Église au Synode de l'Église évangélique réformée de Suisse EERS. Vous êtes chargé-es de rendre un service à l'Église en recherchant la meilleure voie possible, selon vos dons.

Aujourd'hui, au cours de ce culte, j'ai la grande joie de vous installer officiellement dans votre nouvelle fonction, en votre qualité de représentantes et représentants de vos Églises.

Je vous appelle donc par vos noms, associés à celui de votre Église. Je vous prie de vous approcher de moi et de vous placer en demi-cercle.

De l'Église _____ est installé-e/sont installé-es aujourd'hui :

Mention des noms

Promesse
Synode signifie « chemin commun ».
Engagé-es dans l'Église évangélique réformée de Suisse, nous sommes sur un chemin commun. Chaque Église membre apporte ses dons. Chaque personnalité est différente et porte sa propre histoire. Ce grand atout de la diversité signifie aussi l'exigence de trouver un chemin commun, d'avancer dans la même direction, sachant que nous sommes liés en Jésus-Christ, lui qui nous précède et se présente à nous comme le chemin.

Chers frères et sœurs, chers membres du Synode,
En votre qualité de délégué-es de vos Églises respectives, vous êtes désormais membres du Synode, organe suprême de l'EERS.

Sie verpflichten sich dazu:
- sich gemeinsam um Einheit und Frieden in unserer Synode und Kirche zu bemühen;
- das geistliche Leben unserer Synode zu pflegen und sich um das Wohl aller Mitglieder zu kümmern.
- die Angelegenheiten der Kirche gut zu verwalten;
- mit Ihrem Leben das Evangelium zu bezeugen.

So frage ich Sie:
Werden Sie Ihr Möglichstes tun,
um Ihre Aufgabe in diesem Sinn zu erfüllen?
So antworten Sie: Ja, mit Gottes Hilfe.

Antwort der neuen Synodenmitglieder:

Ja, mit Gottes Hilfe.

Erklärung der Einsetzung
Liturgin oder Liturg

Mit Ihrem Ja haben Sie Ihr Engagement bestätigt und sind zusammen mit den anderen Mitgliedern dem Auftrag unserer Synode verpflichtet.

Gebet
Liturgin oder Liturg

Ewiger Gott
Wir bitten um deine heilige Geistkraft für die Synodalen, die sich soeben vor dir verpflichtet haben.
Stärke sie in ihrem Zeugnis für das Evangelium.
Mögen sie gemeinsam im Glauben, in der Hoffnung und in der Liebe im Dienste Jesu Christi, unseres Herrn und Bruders, wachsen. Wir bitten für sie um Freude, Ausdauer und Weitblick,
Wir bitten dich für ein gutes Miteinander auf unseren gemeinsamen Wegen

Die Liturgin oder der Liturg wendet sich den Synodalen zu, breitet die Arme zum Segen aus.

Segen
Liturgin oder Liturg

Gott erleuchte dich durch seinen Heiligen Geist und stärke dich, dass du deinen Dienst gewissenhaft ausrichten kannst zur Ehre seines Namens und zum Wohl seiner Kirche.
Amen.

Die Liturgin oder der Liturg reicht jedem neuen Mitglied die Hand und übergibt ihm oder ihr eine Kerze.

Die Delegierten kehren an ihren Platz zurück.

Vous vous engagez :
- à œuvrer ensemble pour l'unité et la paix au sein des organes de notre communion d'Églises ;
- à cultiver la vie spirituelle de notre Synode et à veiller au bien-être de tous ses membres ;
- à gérer consciencieusement les affaires de l'Église ;
- à témoigner de l'Évangile par votre vie.

Je vous demande donc :
Allez-vous faire tout votre possible
pour accomplir votre mission dans ce sens?
Si c'est le cas, répondez : Oui, avec l'aide de Dieu.

Réponse des nouveaux membres du Synode :

Oui, avec l'aide de Dieu.

Déclaration de l'institution
Officiant-e

Par votre oui, vous avez confirmé votre engagement et êtes désormais associé-es, avec les autres membres, à la mission de notre Synode.

Prière
Officiant-e

Dieu eternel,
Nous te prions: envoie ton Esprit Saint sur chacune et chacun des délégué-es qui viennent de s'engager devant toi. Fortifie-les dans leur témoignage de l'Évangile. Tout au long de leur service de Jésus-Christ, notre Seigneur et notre frère, fais-les grandir dans la foi, l'espérance et l'amour. Remplis-les de joie, de persévérance et de discernement. Nous te prions de les aider à chercher une bonne entente, engagés avec nous sur un chemin commun.

L'officiant-e se tourne vers les membres du Synode, tend les bras en signe de bénédiction.

Bénédiction
Officiant-e

Que Dieu t'éclaire par son Esprit Saint et te fortifie, afin que tu accomplisses consciencieusement ton service, pour la gloire de son nom et pour le bien de son Église.
Amen.

L'officiant-e serre la main de chaque nouveau membre et lui remet une bougie.

Les délégué-es retournent à leur place.

Einsetzung der Mitglieder des Rates der EKS und ihrer Präsidentin oder ihres Präsidenten
Installation des membres du Conseil et de la Présidente ou du Président de l'EERS

61

Eröffnung

Liturgin oder Liturg

Die Verfassung der EKS sieht eine dreigliedrige Leitung vor: die synodale Leitung durch das Kirchenparlament; die kollegiale Leitung durch den Rat und die personale Leitung durch das Präsidium. Es ist ein Miteinander von Synode, Rat und Präsidium mit ihrer je eigenen Verantwortung in der Nachfolge Christi, dem Dienst der Kirche verpflichtet.

Liebe Schwestern und Brüder, liebe Mitglieder des Rates der EKS

Nennung der Namen

Sie wurden von der Synode der Evangelisch-reformierten Kirche der Schweiz EKS gewählt. Es ist eine grosse Freude, Sie heute in diesem Gottesdienst offiziell als Mitglieder des Rates EKS/als Präsident/Präsidentin der EKS einzusetzen.

Ich bitte Sie, nach vorne zu kommen und sich hier im Halbkreis aufzustellen.

Der Rat EKS kommt nach vorne, stellt sich im Halbkreis auf.

Versprechen

Liebe Schwestern und Brüder, liebe Mitglieder des Rates der EKS

Nennung der Namen

Sie sind von der Synode beauftragt, die kollegiale und präsidiale Leitung der EKS zu übernehmen. Der Rat ist das leitende und vollziehende Organ der EKS. Sie sollen im Auftrag Jesu Christi das Zeugnis unserer Kirche in unserer Gesellschaft fördern.

Sie verpflichten sich dazu:
- für die Einheit und den Frieden unter unseren Kirchen einzustehen.
- die Verbindungen zwischen den Kirchen unserer protestantischen Familie und den anderen Kirchen weltweit zu pflegen.
- jederzeit Rechenschaft über Ihren Dienst abzugeben.
- mit Ihrem Leben das Evangelium zu bezeugen.

Ouverture

Officiant-e

La constitution de l'EERS prévoit une direction tripartite : le Parlement de l'Église assure la direction synodale ; le Conseil assure la direction collégiale et la Présidence la direction personnelle.
Le Synode, le Conseil et la Présidence, chacun-e selon ses propres responsabilités, forment un ensemble au service de l'Église, à la suite du Christ.

Chers frères et sœurs, chers membres du Conseil de l'EERS,

Mention des noms

Vous avez été élu-e par le Synode de l'Église évangélique réformée de Suisse. C'est une grande joie de vous installer officiellement aujourd'hui, au cours de ce culte, en qualité de membres du Conseil de l'EERS/en qualité de Président-e de l'EERS.

Je vous prie de vous avancer et de vous placer en demi-cercle.

Le Conseil de l'EERS s'avance et se place devant, en demi-cercle

Promesse

Chers frères et sœurs, chers membres du Conseil de l'EERS

Mention des noms

Vous avez été mandaté-es par le Synode pour assumer la direction collégiale et présidentielle de l'EERS. Le Conseil est l'organe directeur et exécutif de l'EERS. Vous êtes chargé-es de promouvoir le témoignage de notre Église dans notre société, par l'ordre de Jésus-Christ.

Vous vous engagez :
- à vous investir pour l'unité et la paix entre nos Églises ;
- à entretenir les liens entre les Églises de notre famille protestante et les autres Églises de par le monde ;
- à rendre compte à tout moment de votre ministère ;
- à témoigner de l'Évangile par votre vie.

So frage ich Sie:
Werden Sie Ihr Möglichstes tun,
um Ihre Aufgabe in diesem Sinn zu erfüllen?
So antworten Sie: Ja, mit Gottes Hilfe.

Antwort des Ratsmitglieds, der Präsidentin
oder des Präsidenten der EKS:

Ja mit Gottes Hilfe.

Erklärung der Installation
Liturgin oder Liturg

Nachdem wir Ihr Ja vernommen haben,
bestätigen wir Sie in Ihrem Amt als Mitglied
des Rates EKS.

Gebet
Gemeinsam beten wir:

Unser Gott,
Vater und Mutter,
Zuflucht und Kraft.
Wir bitten dich um deine Begleitung für

Nennung der Namen

Erfülle sie in ihrer neuen Aufgabe mit deinem
Heiligen Geist.
Sei du ihr starker Halt in ihrem Dienst.
Schenke ihnen Freude und Zuversicht
bei der gemeinsamen Arbeit und Verantwortung.

Segen
Die Liturgin oder der Liturg wendet sich den Mitgliedern des Rates
zu, breitet die Arme zum Segen aus und spricht:

Gott segne dich
mit seiner Kraft und dem nötigen Mut,
weise Entscheidungen zu treffen.
Gott segne dich mit grosser Freude für deine Aufgaben
und einer tiefen Liebe für deine Nächsten.
Im Namen des Vaters, des Sohnes
und des Heiligen Geistes.
Amen.

Die Liturgin oder Liturg gibt den Ratsmitgliedern die Hand.
Die Ratsmitglieder kehren an ihren Platz zurück.

Je vous pose donc la question :
Allez-vous faire tout votre possible
pour remplir votre mission dans ce sens ?
Si c'est le cas, répondez : « Oui, avec l'aide de Dieu. »

Réponse du membre du Conseil ou de la Présidente
ou du Président de l'EERS :

Oui avec l'aide de Dieu.

Déclaration de l'installation
Officiant-e

Après avoir entendu votre oui, nous vous confirmons
dans votre fonction
de membre du Conseil de l'EERS.

Prière
Ensemble, nous prions :

Notre Dieu,
Père et Mère,
toi qui es refuge et force,
Nous te prions d'accorder ton aide à

Mention des noms

Remplis-les de ton Esprit Saint tout au long de leur
nouvelle tâche.
Sois leur soutien solide dans leur ministère.
Donne-leur la joie et la confiance dans leur travail
commun et leur responsabilité commune.

Bénédiction
L'officiant-e se tourne vers les membres du Conseil,
tend les bras en signe de bénédiction et dit :

Que Dieu te bénisse en t'accordant sa force
et son courage,
afin de prendre de sages décisions.
Que Dieu te bénisse en t'accordant une grande joie
dans l'accomplissement de tes tâches et un amour
profond pour ton prochain.
Au nom du Père, du Fils et du Saint-Esprit.
Amen.

L'officiant-e serre la main des membres du Conseil
Les membres du Conseil retournent à leur place

Abendmahl
Cène

62

Vorbereiten des Tisches
Liturgin oder Liturg

Jesus Christus lädt uns alle ein an seinen Tisch:
– zum Fest der Erinnerung an Gottes Wege mit seiner Welt,
– zum Fest der Gemeinschaft untereinander und mit Gott,
– zum Fest der Hoffnung auf eine neue Erde und einen neuen Himmel.

Alle

Lobe den Herrn, meine Seele,
und was in mir ist, seinen heiligen Namen!
Lobe den Herrn, meine Seele,
und vergiss nicht, was er dir Gutes getan hat:
der dir alle deine Sünde vergibt
und heilet alle deine Gebrechen,
der dein Leben vom Verderben erlöst,
der dich krönet mit Gnade und Barmherzigkeit,
der deinen Mund fröhlich macht
und du wieder jung wirst wie ein Adler.
Meine Seele, lobe den Herrn!

Nach Psalm 103,1–5

Sanctus
z.B. 14 Grosser Gott, wir loben dich, 3. Strophe,
oder 41 Sanctus

Einsetzungsworte
Der Herr, Jesus, nahm in der Nacht, da er ausgeliefert wurde, Brot, dankte, brach es und sprach: Dies ist mein Leib für euch. Das tut zu meinem Gedächtnis. Ebenso nahm er nach dem Essen den Kelch und sprach: Dieser Kelch ist der neue Bund in meinem Blut. Das tut, sooft ihr daraus trinkt, zu meinem Gedächtnis. Denn sooft ihr dieses Brot esst und den Kelch trinkt, verkündigt ihr den Tod des Herrn, bis dass er kommt.

1. Korinther 11,23–26

Gemeinsam erinnern wir uns an sein Leben der Liebe und der Freundschaft,
an seine Lehren,
seinen Tod und seine Auferstehung.

Préparation de la table
Officiant-e

Jésus-Christ nous invite toutes et tous à sa table :
– pour honorer la présence de Dieu dans le monde.
– pour célébrer la communion entre nous.
– pour nous réjouir de l'espérance d'une terre nouvelle et des cieux nouveaux.

Toutes et tous

Mon âme, bénis le Seigneur !
Et que tout ce qui est en moi bénisse son saint nom.
Mon âme, bénis le Seigneur
et n'oublie aucun de ses bienfaits.
C'est lui qui pardonne toutes mes iniquités,
qui guérit toutes mes infirmités,
qui arrache ma vie au tombeau,
qui me couronne de bonté et de miséricorde.
qui remplit ma vie de bonheur,
qui me donne une nouvelle jeunesse ;
je suis comme l'aigle qui prend son vol.
Mon âme, bénis le Seigneur !

Selon psaume 103,1–5

Sanctus
p.ex. 14 Grand Dieu, nous te bénissons, troisième strophe,
ou 41 Sanctus

Paroles d'institution
Le Seigneur Jésus, dans la nuit où il fut livré,
prit du pain, et après avoir rendu grâces,
il le rompit, le donna à ses disciples et dit:
Prenez, mangez. Ceci est mon corps qui est donné
pour vous. Faites ceci en mémoire de moi.
De même, à la fin du repas, il prit la coupe, et après avoir
rendu grâces, il la leur donna et dit :
Buvez-en tous. Ceci est mon sang,
le sang de l'alliance nouvelle, répandu pour vous,
en rémission des péchés.
Faites ceci en mémoire de moi.

Ensemble, nous faisons mémoire
de sa vie d'amour et d'amitié,
de ses enseignements,
de sa mort et de sa résurrection.

Gebet

Du Ewiger,
sende deinen Heiligen Geist
auf uns und deine Kirche.
Segne dieses Brot und diesen Kelch,
den Weizen und die Weintrauben,
das Korn und diejenigen, die es säen,
die Ernte und diejenigen, die sie einbringen.
Lass uns deine Güte schmecken und sehen,
wenn wir dieses Mahl gemeinsam feiern
durch Christus in der Einheit des Heiligen Geistes.
Dir sei alle Ehre, heiliger Gott,
jetzt und in Ewigkeit.
Amen.

Vereint mit der ganzen Christenheit beten wir
miteinander, wie Jesus uns gelehrt hat.

Unser Vater
gesprochen oder gesungen, 55 oder 22

Das Brot, das wir brechen, ist die Gemeinschaft
mit dem Leib unseres Herrn, Jesus Christus.
Der Kelch des Segens, für den wir danken,
ist die Gemeinschaft mit dem Blut unseres Herrn,
Jesus Christus.

Agnus Dei
z.B. 17 Christe, du Lamm Gottes

Einladung
Liturgin oder Liturg

Christus lädt uns ein an seinen Tisch.
Er spricht: Siehe, ich stehe vor der Tür und klopfe an.
Wer immer auf meine Stimme hört und die Tür öffnet,
bei dem werde ich einkehren und das Mahl halten,
ich mit ihm und er mit mir.
Offenbarung 3,20

Anweisungen entsprechend den örtlichen Gewohnheiten
und räumlichen Möglichkeiten.

Schmecket und sehet,
wie freundlich unser Gott ist.
Psalm 34,9

Kommt, alles ist bereit!

Prière

Éternel
Envoie sur nous ton Esprit Saint
et donne-le en partage à toute l'Église.
Bénis ce pain et cette coupe,
le blé et le raisin, le grain et les semeurs,
la récolte et les ouvrières.
En partageant ce repas,
fais-nous goûter et voir ta bonté,
afin que nous saisissions ce que signifie
être en communion avec toi et les unes,
les uns avec les autres.
Par Jésus-Christ dans l'unité du Saint-Esprit,
à toi toute gloire, Dieu saint,
maintenant et à jamais.
Amen.

Uni-es à toute la chrétienté, nous prions ensemble,
comme Jésus nous l'a enseigné.

Notre Père
prié à haute voix ou en chantant, 55 ou 22

Le pain que nous rompons est la communion au corps
de notre Seigneur Jésus-Christ.
La coupe de bénédiction pour laquelle nous rendons
grâce est la communion au sang de notre Seigneur
Jésus-Christ.

Agnus Dei
p.ex. 17 Christ, Agneau de Dieu

Invitation
Officiant-e

Le Christ nous invite à sa table.
Il dit : « Voici ! Je me tiens à la porte et je frappe.
Si quelqu'un entend ma voix et m'ouvre la porte,
j'entrerai chez lui, je me mettrai à table avec lui
et lui avec moi ».
Apocalypse 3,20

Instructions selon les habitudes locales
et les possibilités spatiales.

Goûtez et voyez
combien le Seigneur est bon.
Psaume 34,9

Venez, car tout est prêt.

Austeilung

Austeilung an die Gemeinde mit den Worten:
das Brot des Lebens/der Kelch des Heils

Eine Helferin oder ein Helfer bringt der Organistin oder dem Organisten Brot und Wein. Nach der Austeilung kehren die Helfenden zum Abendmahltisch zurück, bilden einen Halbkreis und erhalten selbst das Abendmahl. Die erste Person, die das Abendmahl empfängt, reicht zum Schluss der Liturgin oder dem Liturgen Brot und Wein.

Liturgin oder Liturg
Dankgebet
Danket dem Herrn.
Denn er ist freundlich.
Und seine Güte
währet ewiglich.
Amen.

Danklied
z.B. 54 Danket, danket dem Herrn

Die Helfenden kehren während des Liedes
an ihren Platz zurück

Communion

Distribution à l'assemblée avec les paroles :
le pain de vie/la coupe du salut

Un-e assistant-e apporte le pain et le vin à l'organiste. Ensuite, on procède à la distribution aux personnes qui ont aidé : Les assistants-es retournent à la table de communion, forment un demi-cercle et reçoivent la Cène. La première personne à recevoir la Cène tend à la fin le pain et le vin à l'officiant-e.

Officiant-e
Prière de remerciement
Rendons grâce au Seigneur !
Il est charitable.
Sa bonté et sa vérité
durent pour l'éternité.
Amen.

Chant de reconnaissance
p.ex. 54 Rendons grâce au Seigneur

Pendant ce chant, les assistants-es retournent
à leur place

Abendmahl im kleinen Kreis

Eröffnung
Wir feiern Abendmahl im Namen Gottes.
Er ist bei uns
– in Freud und Leid
– in Gesundheit und Krankheit
– im Leben und im Sterben

Jesus spricht:
Ich bin das Brot des Lebens.
Wer zu mir kommt, wird nicht mehr Hunger haben,
und wer an mich glaubt, wird nie mehr Durst haben.
Johannes 6,35

Gebet
Nie mehr hungern, nie mehr dürsten –
Wie schön wäre das, o Gott.
Wie schön, das annehmen zu können.
Im Moment sehen wir nur …
– den Abschied
– die bevorstehende Operation
– die Beschwerden des Alters
– dass nichts mehr so ist, wie es einmal war
– die Leere
– den Sorgenberg

oder

Im Moment ist es dunkel um uns …

oder

Du gibst Leben, Gott.
Gibst, was wir brauchen, und noch mehr.
Gibst, ohne Gegenleistung, weil du uns liebst.
Gibst, auf dass wir weitergeben, was wir empfangen.
Gott, hilf uns jetzt, die Zeichen deiner Nähe anzunehmen,
mit denen du uns stärken und ermutigen willst.
Hilf uns darin deine Fürsorge zu erkennen,
die über die leiblichen Bedürfnisse hinausreicht.
Hilf uns zu glauben, dass einmal aller Hunger und
aller Durst gestillt sein wird.
Amen.

Nach Carl Boetschi. www.gottesdienst-ref.ch > Liturgie > Die Liturgie des Gottesdienstes > à table! – Abendmahl neu entdecken > Abendmahls-liturgien (best practice) > Kleiner Kreis (C. Boetschi)

© Liturgie- und Gesangbuchkonferenz der evangelisch-reformierten Kirchen der deutschsprachigen Schweiz (LGBK)

Lied oder Lesung
z. B. Psalm 23 oder Psalm 42

Abendmahlsgebet
Wir kommen mit leeren Händen.
Du gibst uns, was wir brauchen.
Wir haben Hunger und Durst.
Du deckst den Tisch und schenkst uns voll ein.
Wir sind schwach.
Du stärkst uns mit der Kraft deines Geistes.

Abendmahl im kleinen Kreis
Du lädst uns zur Gemeinschaft an deinen Tisch.
Wir dürfen deine Gäste sein.

So wie die Jüngerinnen und Jünger seine Gäste waren:
In der Nacht bevor er ausgeliefert wurde.
Als er das Brot nahm, dankte und es weitergab
mit den Worten:
Nehmt und esst, das bin ich, von Gott gegeben für euch.
Und er dann den Becher nahm und ihn weitergab
mit den Worten:
Das ist das Zeichen neuer Gemeinschaft zwischen Gott
und euch.

Unser Vater
55 Unser Vater

Austeilung

Dankgebet
Danke – Gott –
für Brot und Wein,
für die Zeichen deiner Nähe,
für die erlebte Gemeinschaft.
Danke, dass wir deine Menschen sind,
von dir genährt, gestärkt, geliebt.
Amen.

Aaronitischer Segen
Gott segne und behüte euch/dich.
Gott lasse sein Angesicht leuchten über euch/dir.
Gott erhebe sein Angesicht auf euch/dich und gebe
euch/dir Frieden.
Amen.

Brève liturgie de sainte Cène

Pasteur-e
En haut les cœurs !

Assemblée
Nous les élevons vers le Seigneur

Pasteur-e
Rendons grâce au Seigneur notre Dieu !

Assemblée
Cela est juste et bon !

Pasteur-e
Il est juste et bon
De te rendre grâce, notre Dieu
Qui est amour et qui crée la communion entre nous.
Nous voulons te remercier pour Jésus-Christ,
notre frère
Lui qui est né parmi nous et qui a marché
sur nos chemins,
Lui qui est mort pour nous et qui est ressuscité,
Lui qui a accompli toute la justice et qui intercède
pour nous auprès de toi,
Lui qui nous réconcilie !

Par lui toute la création, te loue,
Tous les anges célèbrent le mystère de ton amour
Inclus-nous dans cette louange :

Chant
p. ex. 14, 3ème strophe ou 41

Paroles d'institution
Prions :
Nous te rendons grâce Dieu de l'univers pour ce pain,
fruit de la terre et du travail de tes enfants,
qu'il devienne pour nous le pain de vie.

Nous te rendons grâce Dieu de l'univers
pour ce vin, signe de la fête, que cette coupe devienne
pour nous la coupe du salut !
Comme ces grains épars forment un seul pain,
comme ces grappes éparses forment ce vin,
Transforme-nous en une communauté, celle de ton fils
Jésus-Christ.
Comme signe de paix pour ce monde :
Amen !

Dans la nuit ou il fut livré, le Seigneur Jésus prit
du pain et, après avoir rendu grâces,
il le rompit et le donna à ses disciples en disant :
« Prenez, mangez, ceci est mon corps, livré pour vous.
Faites ceci en mémoire de moi. »
De même après le repas, il prit la coupe et après avoir
rendu grâces, il la leur donna en disant :
« Buvez-en tous, ceci est mon sang, le sang
de l'alliance nouvelle qui est répandu pour la multitude,
en rémission des péchés. Faites ceci en mémoire
de moi. »

Ainsi, lorsque nous mangeons de ce pain et buvons
à cette coupe,
nous proclamons la mort et la résurrection de notre
Seigneur Jésus,
jusqu'à ce qu'il vienne. Amen.

Invocation de l'Esprit Saint
Père, au moment de nous approcher de cette table,
nous faisons mémoire des paroles et des gestes
de Jésus-Christ, de sa mort, de sa résurrection,
et nous attendons son retour.
Nous recevons de toi ce pain de vie
destiné à la nourriture du monde.
Nous recevons de toi la coupe d'alliance
que tu offres pour la joie du monde.
Tu nous rassembles et nous invites.
Humblement nous te demandons;
Envoie sur nous ton Esprit et renouvelle notre foi afin
que ce pain
et ce vin soient les signes de la présence de ton Fils
parmi nous.
Envoie sur nous ton Esprit et fais toutes choses nouvelles
dans nos cœurs
et dans le monde.
Envoie sur nous ton Esprit et apprends nous à prier :

Notre Père
55 Notre Père

Fraction et élévation
Le pain que nous partageons représente le corps du Seigneur Jésus-Christ.
La coupe de bénédiction, pour laquelle nous rendons grâces, représente le sang du Seigneur Jésus-Christ.

Seigneur, nous ne sommes pas dignes de te recevoir mais dis seulement une parole et nous serons guéris :

Chant
17 Christ, Agneau de Dieu

Communion
La communion de l'assemblée a lieu après la communion des officiant-es.

Venez car tout est prêt !

Prière de reconnaissance
Bénis l'Éternel, ô mon âme !
Que tout en moi bénisse son saint nom !
Bénis l'Éternel, ô mon âme,
Et n'oublie aucun de ses bienfaits !
Nous te rendons grâce, Dieu trois fois saint, pour la communion que tu as offerte dans ce pain et ce vin, ils sont des signes pour la grande fête qui vient, c'est pourquoi nous te rendons grâce pour toute la joie par laquelle tu enrichis nos vies.

Bénédiction

Liturgie mise à disposition par Florian Schubert

Breve liturgia della Cena del Signore

Introduzione
Ora ci prepariamo a celebrare la Cena del Signore, segno dell'amore di Dio per tutti noi, segno che ci ricorda il sacrificio di Cristo e che ci esorta a vivere in comunione gli uni con gli altri.

Preghiera
Grazie, Signore, perché sei sempre con noi, e che grazie al Tuo Figlio Gesù Cristo, morto e risorto per la nostra salvezza, tu ci hai promesso la tua continua comunione. Ti ringraziamo Signore perché ci accogli così come siamo. Ti ringraziamo perché vicino a te possiamo sentirci a casa. Ti preghiamo, Signore, in questo momento di celebrazione e di comunione, donaci il Tuo Spirito: spirito di amore e di comprensione, spirito di generosità e di pazienza, spirito di pace e di servizio. Amen.

Istituzione
Dice l'apostolo Paolo:
«Poiché ho ricevuto dal Signore quello che vi ho anche trasmesso; cioè, che il Signore Gesù, nella notte in cui fu tradito, prese del pane, e dopo aver reso grazie, lo ruppe e disse: «Questo è il mio corpo che è dato per voi; fate questo in memoria di me». Nello stesso modo, dopo aver cenato, prese anche il calice, dicendo: «Questo calice è il nuovo patto nel mio sangue; fate questo, ogni volta che ne berrete, in memoria di me. Poiché ogni volta che mangiate questo pane e bevete da questo calice, voi annunciate la morte del Signore, finché egli venga».

Frazione
Il pane che spezziamo è la comunione con il corpo di Christo che è stato dato per noi.

Il calice della benedizione per il quale rendiamo grazie è la comunione con il sangue di Christo che è stato versato per noi.

Invito
Gesù ci invita ad accogliere la sua presenza nella nostra vita. Tutti coloro che riconoscono la sua voce, partecipino alla comunione con lui e gli uni con gli altri, per formare un solo corpo. Venite, perché tutto è pronto.

Comunione e distribuzione

Segno della pace

Preghiera di Rendimento di grazie e intercessione
Signore,
vogliamo renderti grazie per quello che hai fatto per noi, nella vita, nella morte e nella risurrezione del Tuo Figlio Gesù Cristo. Egli ci ha riconciliati con Te e ha fatto di noi tutti delle tue creature. Perciò possiamo rallegrarci per la manifestazione in Cristo del tuo amore eterno. Concedici di vivere ogni giorno nella fede, nell'amore e nella speranza, in Cristo il nostro Salvatore, benedetto in eterno.
Amen.

Liturgia fornita da Angelo Cassano

Liturgia dalla sontga Tscheina

R Sursilvan

Beneventaziun
Jesus Cristus gi:
Vegni tier mei, vus tuts, che veis stenta e grevadetgna,
e jeu vi sullevgiar vus.
Mattiu 11,28

Amen.

Entruidament – Admoniziun
Cars frars e caras soras en Cristus
La sontga Tscheina ha Jesus instituiu en occasiun da siu
davos past cun ses giuvnals. Sco el ha duront siu operar
adina puspei encuriu la cuminonza cul concarstgaun,
era cul malvesiu e sprezzau, aschia ha el aunc cun sia
davosa tschavera accentuau quella cuminonza.
Quella medema cuminonza vul el scaffir era denter nus
oz che nus sesanflein cheu en siu num, e buca meins
damaun e tut ils gis ella veta quotidiana. Il Segner
envida nus tuts a sia meisa, tut quels che s'enriclan
da lur puccaus ed enqueran tier el il spindrament.
El vul aschia renovar e rinforzar nus ella cardientscha
ed ella carezia, ch'el vivi en nus e nus en el.

E sco il Segner retscheiva nus culponts alla meisa
da sia grazia, aschia duein nus acceptar l'in l'auter en
capientscha e perdun. Tgi ch'ei tentaus da truar enzatgi,
patratgi vid siu agen puccau. E tgi che sesenta sprezzaus
ni bandunaus, sappi ch'el ei uss il hosp da Cristus.
E sco Jesus ei staus solidars viers nus e nos pli profunds
basegns, aschia vulein era nus emprender da capir
e sustener ils basignus ed endironts. Pertgei el gi:
Vegni tier mei, vus tuts che veis stenta e grevadetgna.
Jeu vi sullevgiar vus.
Amen.

Instituziun
Cars concartents
Nus essan clamai da celebar en cuminonza da
cardientscha, da speronza e da carezia la sontga Tscheina
da Niessegner Jesus Cristus. Lein tedlar ussa,
co el ha salvau la sontga Tscheina e co el ha mussau
a ses giuvnals da salvar ella: La notg ch'il Segner
ei vegnius tradius, ha el priu il paun, ha engraziau,
rut el e getg: Quei ei miu tgierp che vegn ruts per vus.
Fagei quei per regurdonza da mei.

Mussond, engraziond e rumpond

Ed aschia ha el suenter la tscheina era priu il biher,
ha engraziau e getg:
Quei biher ei miu saung, il saung dalla nova ligia,
che vegn spons per biars per perdunament dils puccaus.
Fagei quei, aschi savens sco vus bueis, per regurdonza
da mei.

Mussond ed engraziond

Misteri dalla cardientscha:
Segner, aschi savens che nus magliein da quei paun
e buein da quei biher, annunziein nus tia mort
e confessein nus tia levada entochen che ti tuornas
en gliergia.
Amen.

Uraziun
Perquei engraziein nus a ti, Bab en tschiel, per la veta
ed il pitir da tiu Fegl, per sia unfrenda vid la crusch.
Nus ludein sia levada, la victoria sur la mort.
Ti has mussau ina gronda misericordia vid nus.

Avon che nus vegnin tier tia meisa, renovescha
nus e nossa veta tras tiu Spert sogn, tras il qual ti vul
pertgirar nus e tut ils fideivels.

Bendescha ussa quels duns entras tiu Spert, il paun
dalla veta ed il biher dil salit, che nus retscheveien
tras quels la veta perpetna.

Reunescha tuts che han part dil tgierp e dil saung
da Cristus, e tuts che laudan tei e glorificheschan
tei tras tiu Fegl Jesus Cristus.
Amen.

Liturgia sursilvana (1979), cun adattaziuns
da Jan-Andrea Bernhard

Entras Cristus, cun el ed
enten el ei a ti, Deus,
Bab tutpussent, ell'unitad
dil sogn Spert
tutta honur e gliergia
da perpeten en perpeten.
Amen.

Bab nos
Nus urein ensemen dad ault:
Bab nos, qual che ti eis en tschiel (…)
Amen.

Cant
17 Crist, agnè dal Segner

Communiun
Mirei il tschut da Deus che pren naven il puccau dil mund:
Segner, jeu sun buca vengonzs che ti vegnies sut miu tetg.
Gi mo in plaid, e mia olma daventa sauna.
Il paun, che nus rumpein, ei la cuminonza dil tgierp
da Cristus.
Il benediu biher, che nus benedin, ei la cuminonza
dil saung da Cristus.

Sche vegni pia cun engraziament tier questa meisa –
la tscheina ei preparada.

Communiun dils fideivels

Uraziun finala
Lauda il Segner, mi'olma,
e tgei ch'ei en mei, siu sogn num dei ludar.
Lauda il Segner, mi'olma,
buc emblida tut bien ch'el ha fatg.
Quel ch'a ti perduna tut tes puccaus,
medeghescha er tut tias mendas,
quel che spendra da perdiziun tia veta
e tei corunescha cun grazia e buontad.
Buntadeivels, grazius ei il Segner,
pazients e rehs da buontad.
Psalm 103,1–4.8

Amen.

Sendung
Envoi
Parole di congedo

Pleds da missiun
Dismissal

67

D

Die Gnade unseres Herrn Jesus Christus und die Liebe
Gottes und die Gemeinschaft des Heiligen Geistes
sei mit euch allen!
2. Korinther 13,13

D Züritüütsch

D Gnaad vom Herr Jesus Chrischtus und d Liebi
vo Gott und s Verbundesii mit em Häilige Gäischt,
dass wöisch ich öi allne!
2. Korinther 13,13

D Bärndütsch

Der Herr, Jesus Chrischtus, schänk nech allne sy Gnad,
Gott sy Liebi und der Heilig Geischt sy Gmeinschaft!
2. Korinther 13,13

F

Que la grâce du Seigneur Jésus-Christ, l'amour de Dieu
et la communion du Saint-Esprit soient avec vous tous.
2Corinthiens 13,13

I

La grazia del Signor Gesù Cristo e l'amore di Dio
e la comunione dello Spirito Santo siano con tutti voi.
2 Corinzi 13,13

R Vallader

La grazcha dal Segner Gesu Crist, l'amur da Dieu
e la comuniun cul Spiert Sonch saja cun vus tuots!
2. Corinters 13,13

E

May the almighty and merciful God,
Father, Son and Holy Spirit, bless you and keep you.
Amen.
2 Corinthians 13:13

D

Der Friede Gottes,
welcher höher ist als alle Vernunft, bewahre eure
Herzen und Sinne in Christus Jesus, unserem Herrn.
Philipper 4,7

D Bärndütsch

Chummeret nid, bringet lieber alls, wo dihr uf em Härz
heit, mit Danke im Gebätt vor Gott. Und de wird
der Fride vo Gott, wo wyt über jede Verstand usegeit,
öies Härz und öiji Gedanke bhüete, wil dihr zu Chrischtus
Jesus ghöret.
Philipper 4,6–7

F

Et la paix de Dieu,
qui surpasse toute intelligence, gardera vos cœurs
et vos pensées en Jésus-Christ.
Philippiens 4,7

I

E la pace di Dio
che sopravanza ogni intelligenza, guarderà i vostri
cuori e i vostri pensieri in Cristo Gesù.
Filippesi 4,7

R Sursilvan

La pasch da Diu che survarga tut entelletg vegn
a pertgirar vos cors e vos patratgs en Cristus Jesus,
nies signur.
Filippi 4,7

E

The peace of God which passes all understanding,
keep your hearts and minds in the knowledge
and love of God, and of his Son, Jesus Christ our Lord.
Philippians 4:7

D

Von guten Mächten
Von guten Mächten wunderbar geborgen,
erwarten wir getrost, was kommen mag.
Gott ist bei uns am Abend und am Morgen
und ganz gewiss an jedem neuen Tag.
Dietrich Bonhoeffer

F

Sur nous, merveille!
Sur nous, merveille, des puissances veillent,
Sans peur nous avançons vers l'avenir ;
Dieu, près de nous, de l'aube au soir demeure,
fidèle, chaque jour qui doit venir.
Dietrich Bonhoeffer

I

Da potenze benigne
Da potenze benigne
Meravigliosamente soccorsi, attendiamo consolati
ogni futuro evento.
Dio è con noi alle sera e al mattino, e senza fallo,
in ogni nuovo giorno.
Dietrich Bonhoeffer

R Vallader

Las bunas forzas
Las bunas forzas, ellas sun pelvaira
pozz'e muossavia sur la punt.
Dieu es cun nus bunura ed eir saira,
dal di chi spunta fin a seis tramunt!
Dietrich Bonhoeffer

E

By gracious power
By gracious power so wonderfully sheltered
and confidently waiting come what may,
we know that God is with us night and morning
and never failst to greet us each new day.
Dietrich Bonhoeffer

Dietrich Bonhoeffer, Von guten Mächten,
in: Widerstand und Ergebung, Dietrich
Bonhoeffer Werkausgabe, Bd. 8, S. 608

Aaronitischer Segen
Bénédiction sacerdotale
Benedizione aaronitica

Benedicziun aronita
Aronic blessing

68

D

Der Herr segne dich
und behüte dich.
Der Herr lasse sein Angesicht leuchten über dir
und sei dir gnädig.
Der Herr erhebe sein Angesicht auf dich
und gebe dir Frieden.
Amen.
Numeri 6,24–26

F

Que le Seigneur te bénisse
et te garde.
Que le Seigneur fasse luire son visage sur toi
et t'accorde sa grâce.
Que le Seigneur tourne sa face vers toi et te donne
la paix.
Amen.
Nombres 6,24–26

I

Il Signore ti benedica
e ti protegga.
Il Signore faccia risplendere
il suo volto su di te e ti sia propizio.
Il Signore rivolga verso di te
il suo volto e ti dia la pace.
Amen.
Numeri 6,24–26

R Vallader

Il Segner at benedescha
ed at perchüra.
Il Segner fetscha splendurir
sia fatscha sur tai ed at saja grazius.
Il Segner adoza sia fatscha sün tai ed at detta pasch.
Amen.
Numeri 6,24–26

R Sursilvan

Il Segner benedeschi tei
e pertgiri tei.
Il Segner laschi tarlischar
sia fatscha sur da tei
e seigi grazius a ti.
Il Segner drezzi sia vesta sin tei e detti pasch a ti.
Amen.
Numeri 6,24–26

E

The Lord bless you
and keep you;
the Lord make his face to shine upon you,
and be gracious to you;
the Lord lift up his countenance upon you,
and give you peace.
Amen.
Numbers 6:24–26

Trinitarischer Segen
Bénédiction trinitaire
Benedizione trinitaria

Benedicziun trinitara
Trinitarian blessing

69

D

Es segne und behüte euch
der allmächtige und barmherzige Gott,
Vater, Sohn und Heiliger Geist.
Amen.

F

Que Dieu tout-puissant et miséricordieux vous bénisse
et vous garde, le Père, le Fils, et le Saint-Esprit.
Amen.

I

Vi benedice e vi guardi
L'Iddio onnipotente e misericordioso,
Padre, Figlio e Spirito Santo.
Amen.

R Rumantsch grischun

Che Dieu il tutpussant e misericordaivel
benedeschia e pertgiria vus:
il Bab, il Figl ed il Sontg Spiert.
Amen.

E

May the almighty and merciful God,
Father, Son and Holy Spirit, bless you and keep you.
Amen.

Liturgische Elemente für Andachten

Éléments liturgiques pour un recueillement

Elementi liturgici per devozioni

Elements liturgics per devoziuns

Morgengebet
Prière du matin

70

Eingangsgebet
Zu dir, Gott, kommen wir an diesem Morgen.
Du bist da, jetzt, hier, bei uns.
Höre uns und öffne unsere Ohren und unser Herz,
um dich zu hören.
Amen.

Lied

Schriftlesung

Stille

Unser Vater
55 Unser Vater

Segen
In deiner Gegenwart
machen wir uns bereit für diesen Tag, Gott.
Jede/jeder für sich in der Stille:
Ich gehe den vor mir liegenden Tag in Gedanken durch:
Welchen Menschen werde ich begegnen?
Was steht an? Worauf freue ich mich,
was macht mir Sorgen?
Gott, du weisst, was uns heute erwartet.
Wir brechen nun auf in diesem Tag,
begleite uns mit Deinem Segen!
Amen.

Prière d'ouverture
Ô Dieu, nous venons à toi ce matin.
Tu es là, dans ce lieu et dans cet instant, à côté de nous.
Écoute notre prière, et ouvre nos oreilles et notre cœur
pour que nous sachions t'écouter.
Amen.

Chant

Lecture de l'Écriture

Silence

Notre Père
55 Notre Père

Bénédiction
Nous nous préparons à cette journée
dans ta présence, ô Dieu.
Dans le silence de nos cœurs,
nous passons en revue la journée qui s'ouvre devant nous :
Qui vais-je rencontrer ? Quel est mon programme ?
Quels sont les sujets qui me réjouissent et ceux
qui m'inquiètent ?
Seigneur, tu sais ce qui nous attend aujourd'hui.
Que ta bénédiction nous accompagne tout au long
de la journée qui s'ouvre !
Amen.

Broschüre «einfach feiern»
Kleine gemeinschaftliche Gottesdienst-
formen. Einführung, liturgische Modelle
und Materialbausteine.

Hg. Reformierte Kirchen Bern-Jura-
Solothurn 2024, S. 18

Gebet zu Sitzungsbeginn
Prière pour l'ouverture d'une réunion

E: Einzelperson
A: Alle

O : Officiant-e
A : Assemblée

Lied

Chant

Eingangsgebet

Prière d'ouverture

E Guter Gott, am Anfang dieser Sitzung
   kommen wir zu dir.

O Dieu de bonté, au début de cette réunion,
   nous venons vers toi.

A Du hast versprochen, unter uns zu sein,
   wo wir uns in deinem Namen versammeln.

A Tu as promis d'être au milieu de nous
   lorsque nous sommes réunis en ton nom.

E Ganz Verschiedenes bringen wir mit:
   Begegnungen, die wir heute schon hatten,
   Freuden und Sorgen,
   Unerledigtes, das wir nicht vergessen dürfen,
   Gedanken und Meinungen zu den Themen,
   die wir heute besprechen werden.
   Bevor wir uns an die Arbeit machen,
   halten wir inne.
   Wir bringen zu dir, was uns noch ablenkt
   und beschäftigt.

O Nous venons, chargés de ce qui nous habite chacune
   et chacun :
   les rencontres qui ont précédé celle-ci,
   nos joies et nos inquiétudes,
   la liste de choses qu'il ne faut pas oublier de régler,
   nos réflexions et nos avis sur les sujets qui seront
   abordés tout à l'heure.
   Avant de nous mettre au travail, nous voulons nous
   arrêter un instant.
   Nous déposons devant toi les soucis qui détournent
   notre regard et nous préoccupent encore.

Stille

Silence

E Danke, dass alles, was uns jetzt durch Kopf
   und Herz ging,
   bei dir gut aufgehoben ist.

O Nous te rendons grâce de pouvoir te remettre
   tout ce qui accapare notre cœur et notre esprit.

A Amen.

A Amen.

Schriftlesung

Lecture de l'Écriture

z. B.
Markus 12,28–31 [32–34]
Markus 4,30–32
Römer 12,4–8

p. ex.
Marc 12,28–31 [32–34]
Marc 4,30–32
Romains 12,4–8

Broschüre «einfach feiern»
Kleine gemeinschaftliche Gottesdienst-
formen. Einführung, liturgische Modelle
und Materialbausteine.

Hg. Reformierte Kirchen Bern-Jura-
Solothurn 2024, S. 20–22

Gebet – Segen

zu Markus 12,28–31 [32–34]

E Ewiger, liebender Gott,
   wir danken dir für dein Wort.
   Schenke uns klares Reden, verständiges Hören
   und weite Herzen, die sich von der Liebe
   leiten lassen.
   Segne nun unsere Arbeit
   und lass sie zum Segen für andere werden.

zu Markus 4,30–32

E Ewiger, liebender Gott,
   wir danken dir für dein Wort.
   Schenke uns klares Reden, verständiges Hören
   und wohlgesinnte Herzen.
   Segne nun unsere Arbeit,
   dass in ihr dein Reich wachse und gedeihe.

zu Römer 12,4–8

E Ewiger, liebender Gott,
   wir danken dir für dein Wort.
   Danke, dass wir uns mit unseren verschiedenen
   Gaben ergänzen.
   Wir wollen mit Hingabe, heiter und fröhlich unsere
   Arbeit tun.
   Segne uns und lass unser Tun zum Segen für andere
   werden.

A Amen.

Bénédiction

pour Marc 12,28–31 [32–34]

O Éternel, Dieu d'amour,
   nous te rendons grâce pour ta Parole.
   Donne-nous de parler avec clarté et d'écouter
   avec sagesse,
   Ouvre nos cœurs pour que nous nous laissions
   guider par l'amour.
   Bénis notre travail,
   et qu'il devienne pour d'autres une bénédiction.

pour Marc 4,30–32

O Éternel, Dieu d'amour,
   nous te rendons grâce pour ta Parole.
   Donne-nous de parler avec clarté et d'écouter
   avec sagesse,
   et rends nos cœurs bien disposés.
   Bénis maintenant notre travail,
   et qu'il soit la terre où croît et prospère
   ton Royaume.

pour Romains 12,4–8

O Éternel, Dieu d'amour,
   nous te rendons grâce pour ta Parole.
   Merci parce que nos dons différents nous rendent
   complémentaires.
   Nous voulons accomplir notre travail avec ardeur,
   joie et enthousiasme.
   Accorde-nous ta bénédiction et que nos actions
   deviennent pour d'autres une bénédiction.

A Amen.

Abendgebet
Prière du soir

72

Eingangsgebet
Am Ende dieses Tages kommen wir zu dir, Gott.
Wir alle bringen mit, was heute war,
und legen es in deine Hände:

Jede/jeder für sich in der Stille

Ich gehe den Tag nochmals in Gedanken durch:
Welchen Menschen bin ich heute begegnet?
Was habe ich erledigt, was blieb offen?
Was hat mich gefreut, was geärgert?
Was beschäftigt mich noch?

Danke, Gott, dass du diesen Tag in deinen Händen
birgst –
Schönes und Schwieriges, Tun und Lassen,
Gelingen und Versagen,
Vollendetes und Bruchstückhaftes.
Wandle in Segen, was heute hinter uns liegt.
Bewahre uns und alle Menschen in deinem Frieden.
Amen.

Abendlied

Psalm
z.B. Psalm 4, 63 oder 139

Schriftlesung

Stille

Unser Vater
55 Unser Vater

Segen
Dein sind wir, Gott, in dir sind wir geborgen.
Wache über uns und alle, die sich jetzt zur Ruhe legen.
So segne uns der ewige und barmherzige Gott,
der Vater, der Sohn und der Heilige Geist.
Amen.

Prière d'ouverture
À la fin de cette journée, nous venons vers toi, Seigneur.
Nous arrivons chargés de ce jour, et nous le déposons
entre tes mains.

Dans le silence, repassons dans notre cœur les événements de ce jour

Qui ai-je rencontré aujourd'hui ?
Qu'ai-je pu terminer et qu'est-ce qui est encore en cours ?
Quelles ont été les sources de joie et les sources d'agacement ?
Quelles préoccupations ai-je encore ?

Merci, ô Dieu, pour cette journée qui repose désormais
entre tes mains.
Pour les belles choses et celles qui ont été plus compliquées,
Pour ce que j'ai fait et ce que j'ai mis de côté,
Pour ce qui a réussi et ce qui a échoué,
Pour ce que j'ai accompli et ce qui est encore inachevé.
Change en bénédiction ce qui est désormais derrière nous.
Garde-nous dans ta paix ainsi que tous nos frères
et sœurs en humanité.
Amen.

Chant du soir

Psaume
p.ex. psaume 4, 63 ou 139

Lecture de l'Écriture

Silence

Notre Père
55 Notre Père

Bénédiction
Nous sommes à toi, ô Dieu, protégés à l'ombre de tes ailes.
Veille sur nous et sur toutes celles et tous ceux qui
entrent dans le repos.
Que l'Éternel, Dieu de miséricorde, nous bénisse,
le Père, le Fils et le Saint-Esprit.
Amen.

Broschüre «einfach feiern»
Kleine gemeinschaftliche Gottesdienst-
formen. Einführung, liturgische Modelle
und Materialbausteine.

Hg. Reformierte Kirchen Bern-Jura-
Solothurn 2024, S. 18f

Gebet am Ende des Tages
Prière en fin de journée

73

E: Einzelperson
A: Alle

O : Officiant-e
A : Assemblée

Gebet

E Herr, du hast uns geschaffen,
und unser Herz ist unruhig, bis es Ruhe findet in dir.

A Dein ist das Licht des Tages.
Dein ist das Dunkel der Nacht.
Das Leben ist dein und der Tod.
Wir selbst sind dein und beten dich an.
Lass uns ruhen in Frieden, segne den kommenden Tag
und lass uns erwachen, dich zu rühmen.

Segen

E So segne und behüte uns der ewige und menschenliebende Gott,
der Vater, der Sohn und der Heilige Geist.

Gemeinsam gesungenes Amen

Prière

O Seigneur, tu nous as créés
et notre cœur est sans repos tant qu'il ne repose pas en toi.

A Elle est à toi, la lumière du jour.
Et les ténèbres de la nuit sont à toi.
La vie t'appartient et la mort t'appartient.
Nous-mêmes, nous t'appartenons et te prions :
fais-nous reposer en paix, bénis le jour qui vient,
et fais qu'à peine éveillés, nous chantions tes louanges.

Bénédiction

O Que l'Éternel, Dieu d'amour, nous bénisse et nous garde,
le Père, le Fils, et le Saint Esprit.

Amen chanté par l'assemblée

Broschüre «einfach feiern»
Kleine gemeinschaftliche Gottesdienstformen. Einführung, liturgische Modelle und Materialbausteine.

Hg. Reformierte Kirchen Bern-Jura-Solothurn 2024, S. 23

Liturgische Elemente | Éléments liturgiques | Elementi liturgici | Elements liturgics

Gebet
Prière
Preghiera

Uraziun
Prayer

74

D

Pilgerschaft
Allmächtiger Gott
Wir sind ferne von dir
Auf der Pilgerschaft;
So wollest du uns verleihen,
dass wir dennoch,
durch dein Wort unterwiesen,
den rechten Weg gehen.
Johannes Calvin

F

Pèlerinage
Dieu tout-puissant !
Loin de toi nous sommes, pèlerins sur nos routes.
Malgré cela, instruis-nous par ta Parole,
pour que nous marchions sur la bonne route.
Jean Calvin

I

Pellegrinaggio
Dio omnipotente,
lontani da te noi siamo,
pellegrini sulle nostre vie.
Malgrado ciò, instruiscici con tua parola,
affinché passioamo camminare sulla retta via.
Giovanni Calvino

R Rumantsch grischun

Pelegrinadi
Dieu tutpussant,
lontan da tai giain nus
sin nossa via da la vita.
Ma nus ta rugain
dad instruir nus cun tes pled
per tuttina pudair chattar
la dretga via.
Joannes Calvin

E

Pilgrimage
Almighty God,
though we are far from you on our pilgrimage
we pray that, instructed by your word,
we may keep to the right path.
John Calvin

Liturgie für ein Nachtgebet im Stil der Iona Community 75
Liturgie d'une prière du soir dans le style de la Communauté d'Iona

Vorbereiten:
Drei Kerzen aufstellen, Streichhölzer parat legen
E (1, 2, 3): Verschiedene Einzelpersonen
A: Alle

Préparation :
Poser trois bougies sans les allumer, avoir des allumettes à portée
O (1, 2, 3) : Officiantes et officiants individuels
A : Assemblée

Eröffnung

E 1   Ich zünde ein Licht an im Namen Gottes,
der mir die Welt erleuchtet und mir den Atem
des Lebens eingehaucht hat.

Eine Kerze wird angezündet.

E 2   Ich zünde ein Licht an im Namen des Sohnes,
der die Welt errettet und mir seine Hand gereicht hat.

Eine Kerze wird angezündet.

E 3   Ich zünde ein Licht an im Namen des Heiligen
Geistes, der die Welt umfasst und meine Seele
mit Verlangen erfüllt.

Eine Kerze wird angezündet.

A   Wir haben drei Lichter angezündet
für den dreieinigen Gott der Liebe:
Gott über uns, Gott neben uns, Gott unter uns,
von Anfang bis Ende, bis in die Ewigkeit.

Lied

z. B. 32, 35 oder 36

Schriftlesung – Stille

Gebet zur Nacht

E   Gott, unser Ursprung und Ziel,
du bist voller Güte und liebst die Menschen –
so vergib mir alle meine Sünden,
die ich heute getan habe in Gedanken,
Worten und Werken.
Schenke mir einen friedlichen und ungestörten Schlaf.
Dein heiliger Engel sei mit mir, er schütze mich vor
allem Bösen.

Ouverture

O 1   J'allume une bougie au nom de Dieu
qui a éclairé le monde et m'a insufflé le souffle
de vie.

Allumer la 1re bougie.

O 2   J'allume une bougie au nom du Fils qui a sauvé
le monde et m'a tendu la main.

Allumer la 2e bougie.

O 3   J'allume une bougie au nom de l'Esprit qui remplit
le monde et bénit notre âme en la comblant
de ton désir.

Allumer la 3e bougie.

A   Nous avons allumé trois bougies qui représentent
la Trinité d'amour : Dieu au-dessus de nous,
Dieu à côté de nous, Dieu au-dessous de nous,
Dieu présent depuis le commencement
jusqu'à la fin des temps et pour toute l'éternité.

Chant

p. ex. 32, 35 ou 36

Lecture de l'Écriture, puis silence

Prière du soir

O   Seigneur, mon alpha et mon oméga,
toi qui es plein de bonté et qui aimes
les êtres humains,
pardonne-moi mes péchés,
ceux que j'ai commis aujourd'hui en pensées,
en paroles et en action.
Fais que je repose en paix et que mon sommeil
soit sans tourments. Que tes saints anges soient avec
moi et me protègent de tout mal.

Broschüre «einfach feiern»
Kleine gemeinschaftliche Gottesdienst-
formen. Einführung, liturgische Modelle
und Materialbausteine.

Hg. Reformierte Kirchen Bern-Jura-
Solothurn 2024, S. 14–16 (gekürzte Fassung
aus: Dein Licht in dieser Nacht. Eine kel-
tische Abendliturgie, in: Sinfonia Oecu-
menica. Feiern mit den Kirchen der Welt,
Basel und Gütersloh 1998, S. 86–91)

Liturgische Elemente | Éléments liturgiques | Elementi liturgici | Elements liturgics

75

A Sei du unser Schutz für unseren Leib und unsere Seele.
Zu dir steige unser Lob auf:
Zu dir, du barmherziger Gott, Anfang und Ende.
Zu dir, Jesus Christus, Hoffnung der Welt.
Zu dir, Heiliger Geist, du Atem des Lebens,
jetzt und allezeit und bis in Ewigkeit.
Amen.

Lied

z. B. 6, 7 oder 8

E 1 Die Nacht ist die Decke deines Friedens, Gott,
A der Rhythmus deiner Ruhe für alle Menschen.
E 2 Die Nacht ist der Mantel deiner Freundlichkeit, Gott,
A die Wärme deiner schützenden Hand rings um die Erde.
E 3 In ihrer Dunkelheit liegen die Zeichen der Ewigkeit verborgen,
A die andauernde Lebendigkeit deiner Liebe.
E 1 Voller Vertrauen auf dich gehen wir schlafen und überlassen dir diesen Tag.
A Im Vertrauen auf dich legen wir die Sorgen dieses Tages beiseite.
E 2 Sei du unser Begleiter, wenn wir schlafen.
A Sei du das Geschenk des neuen Tages, wenn wir erwachen.
E 3 Geht in Frieden. Gott gehe mit euch.
Jesus Christus nehme dich an die Hand
und der Heilige Geist umhülle dich wie eine Decke.
A Amen.

A Sois toi-même le protecteur de notre corps
et de notre âme.
À toi s'élève notre louange,
toi, Dieu de miséricorde, commencement et fin,
toi, Jésus le Christ, espérance du monde,
toi, Saint Esprit, souffle de vie.
Maintenant et à jamais et pour les siècles des siècles.
Amen.

Chant

p. ex. 6, 7 ou 8

O 1 Ô Dieu, la nuit nous recouvre de ta paix,
A Elle donne le rythme de ton repos à tous les êtres humains.
O 2 Ô Dieu, la nuit nous enveloppe de ta bienveillance,
A De la chaleur de ta main qui étreint la terre.
O 3 Son obscurité est le signe de ton éternité,
A De ton amour infini.
O 1 Dans la foi, nous entrons dans le sommeil et nous nous abandonnons à toi.
A Dans la confiance de nos cœurs d'enfants, nous mettons fin au labeur de ce jour.
O 2 Garde-nous quand nous dormons.
A Quand nous nous réveillerons, sois le cadeau du jour nouveau.
O 3 Allez en paix et que Dieu soit avec vous,
Que Jésus, le Christ, prenne votre main dans la sienne
et que l'Esprit Saint vous entoure de son manteau de grâce.
A Amen.

Die Kerzen werden gelöscht

Éteindre les bougies

WGRG Iona Community

Rechteverzeichnis
Table des droits
Elenco dei diritti
Register dals dretgs

Verwendete Abkürzungen | Abreviaziuns utilisadas | Abréviations utilisées | Abbreviazioni usate

- c Text català
- d Deutscher Text
- e English text
- f Texte français
- i Testo italiano
- M Melodie | melodia | mélodie | melodia
- r Text rumantsch
- S Satz | arranschament | harmonisation | armonizzatione

Gesänge | Chanzuns | Chants | Canti

1 FEEPR & EO (S), LGBK (d), ac (r), EO (f), ab (i)
2 LGBK (S), sg (r), EO (f), Clau (i)
3 FEEPR (f, str. 1–3), EO (f, str. 4), FAC (r, str. 1–4), icm (r, str. 5), LuV (i, str. 1+2+4), ab (i, str. 3), Clau (i, str. 5)
4 LGBK (d), sg (r), EO (f), Clau (i)
5 LGBK (Ss), VDD (d), sg (r), EO (f), Clau (i; eccetto str. 1, versi 4–6: LGBK)
6 LWF (d), hss (r), FEEPR (f, str. 2+3+5), dk (f, str. 4), Clau (i)
7 Stru (d), jp (r), he (f, str. 1+2), hk (f, str. 3), ab (i)
8 sg (r), lp (f), ab (i)
9 LGBK (S), sg (r), [ayants droits inconnus] (f), ab (i)
10 FEEPR (f, str. 1+3+4), UEPAL (f, str. 2), Clau (i, str. 1), dg (i, str. 2+4), ab (i, str. 3)
11 FEEPR (S), FAC (r), FEEPR (f), Clau (i, str. 1+3+4), mg (i, str. 2)
12 LGBK (d, Str. 2), mg (i, str. 1+3), Clau (i, str. 2+4+5)
13 FAC (r), FEEPR (f), mg (i)
14 ek (S), Clau (i)
15 sg (r), cl (f), Clau (i)
16 ej (S), vc (r), lp (f, str. 1), OE (f, str. 2), FEEPR (f, str. 3), [detentori di diritti sconosciuti] (i)
17 sg (r), Clau (i)
18 LGBK (S), gd (r, str. 1–4), ac (r, dox.), UEPAL (f, str. 2–4), FEEPR (f, dox.), Clau (i)
19 ac (r), Clau (i)
20 hss (r), LD (f), Clau (i, str. 1+2), ab (i, str. 3+4)
21 ej (S), vc (r), FEEPR (f), ab (i)
22 CD (M/S),
23 Ruh (M/S), bc (r), FEEPR (f)
24 tj (M/S), sb (d), FAC (r), cg (f), ab (i)
25 Hän (M/S/d/f), ac (r), Clau (i, versi 1+4–6), vm (i, versi 2+3)
26 LGBK (S), kph (d), gpg (r), cg (f), ab (i)
27 Stru (M/S/D/R/F/I)
28 FEEPR (M/S/f), sb (d), FAC (r), ab (i)
29 Stru (M/S), TVD (d), fc (r), hk (f), ab (i)
30 PJ (M/S/D), ac (r), hk (f), ab (i)
31 KiMu (M/d), ac (r), smg (f), ab (i)
32 Scho (M)
33 MaMu (M), BAK (d), fc (r), sc (f), ab (i)
34 Comm (M/d/f), bz (S), FAC (r), ab (i)
35 APT (M/S/d/f/i), hss (r)
36 APT (M/S/d/f/i), hss (r)
37 APT (M/S/c/d/f/i), abd (r)
38 APT (M/S)
39 APT (M/S)
40 APT (M/S)
41 APT (M)
42 APT (M/S)
44 VHKG (M), sc (S), ac (r), ab (i)
45 APT (M/S)
48 dr (M), ej (S)
50 WGRG (M/S/e)
51 SSM (M)
53 ac (r), ab (i)
54 Clau (i)

Verlage | Editurs | Éditeurs | Editori

- APT Ateliers et Presses de Taizé, F–71250 Taizé-Communauté
- BAK Benediktiner Abtei Königsmünster, Meschede
- CD Cantate Domino, Société coopérative d'édition et de vente de musique religieuse, Lausanne
- Clau Claudiana, Torino
- Comm Communauté de Grandchamp, Areuse NE
- EO Éditions Olivétan, Lyon
- FAC Fundaziun Anton Cadonau, Strada i.O. GR
- FEEPR Fondation d'Édition des Églises Protestantes Romandes, Lausanne
- HAML Hymns Ancient & Modern Limited, London
- Hän © 1982 Claude Fraysse/Alain Bergèse. SCM Hänssler, Holzgerlingen
- KiMu KiMu Kinder Musik Verlag GmbH, Pulheim
- LD Laus Deo 1956
- LGBK Reformiertes Gesangbuch der Evangelisch-reformierten Kirchen der deutschsprachigen Schweiz (RG), herausgegeben von der Liturgie- und Gesangbuchkonferenz (LGBK) der evangelisch-reformierten Kirchen der deutschsprachigen Schweiz
- LuV Lutherisches Verlagshaus GmbH, Hannover
- LWF Lutheran World Federation, Genève
- MaMu Maranatha Music, Capistrano Beach, California/USA
- PJ Peter Janssens Musik Verlag, Telgte/Westfalen
- Ruh Ruh Musik AG, Adliswil ZH
- Scho Schott Music GmbH & Co. KG, Mainz
- SSM Small Stone Media, [Ort unbekannt]
- Stru Strube Verlag, München
- TVD tvd-Verlag GmbH, Düsseldorf
- UEPAL Union des Églises protestantes d'Alsace et de Lorraine, Strasbourg
- VDD Verband der Diözesen Deutschlands, Bonn
- VHKG Verein für die Herausgabe des Katholischen Kirchengesangbuches der Schweiz, Zug
- WGRG Words & Music by John L. Bell, copyright © 1993. WGRG, Iona Community, Glasgow, Scotland. Reproduced by permission

con spirito | Gesangheft der EKS | Livret de chants de l'EERS | Raccolta di inni della CERiS | Quadern da chant da la BERS

Private Rechtsinhaber | Possessurs privats da dretgs | Ayants droits privés | Detentori privati di diritti

ab	Anna Belli, Ciampino (I)	gd	Giusep Durschei, [Ort unbekannt]
abd	Alice Bertogg-Darms, Sevgein GR	gpg	Gian-Peder Gregori, Bonaduz GR
ac	Andri Casanova, Kriessern SG	he	Rechtsnachfolge Hermann Ecuyer
bc	Benedetg Chistell [Neffe von Benedetg Chistell], Falera GR	hk	Hélène Küng, Cossonay VD
bz	Benoît Zimmermann, Payerne VD	hss	Hans-Peter Schreich-Stuppan, Val Müstair GR
cg	Christian Glardon, Gorgier NE	icm	Imelda Coray-Monn, [Ort unbekannt]
cl	Christian Lutz, Dangolsheim (F)	jp	Jacob Pfister, [Ort unbekannt]
dg	D. Gianì, [Ort unbekannt]	kph	Rechtsnachfolge Klaus-Peter Hertzsch
dk	Denise Kéler, Bischwiller (F)	lp	Liliane Pfalzgraf, Gumbrechtshoffen (F)
dr	Dinah Reindorf, [Ort unbekannt]	mg	M. Gratton, [Ort unbekannt]
ej	Elie Jolliet, Köniz BE	sb	Susanne Brandt, Flensburg (D)
ek	Eberhard Klotz, Stuttgart (D)	sc	Samuel Cosandey, Bern
fc	Flurina Cavegn, Ilanz GR	smg	Sophie Mermod-Gilliéron, Bonvillars VD

Herausgeber und Verlag waren bemüht, alle nötigen Bearbeitungs- und Abdruckrechte einzuholen. Wir bitten, nicht erhebbar gewesene Rechte gegebenenfalls beim Theologischen Verlag Zürich zu melden.

Les éditeurs et la maison d'édition se sont efforcés d'obtenir tous les droits d'adaptation et de reproduction nécessaires. Nous vous prions de bien vouloir signaler au Theologischer Verlag Zürich les droits qui n'auraient pas pu être obtenus.

rzeichnisse
les
nchi
isters

con spirito | Gesangheft der EKS | Livret de chants de l'EERS | Raccolta di inni della CERiS | Quadern da chant da la BERS

Abkürzungsverzeichnis
Table des abréviations

Elenco delle abbrevia:
Register da las abrevi

ACC 1982	Alleluja. Cudisch da canzuns ed oraziuns per la baselgia catolica dalla Surselva – preparaus da Wendelin Caminada. Decanat Sursilvan, Cuera 1982/²1992.
ALL 2005	Alléluia. Avec le Christ, dépasser les frontières. Un recueil de chants au service des Églises francophones. Éditions Olivétan et FEEPR, Lyon 2005/²2007.
AÖL	«Arbeitsgemeinschaft für ökumenisches Liedgut», gegründet 1969 von den christlichen Kirchen im deutschen Sprachbereich.
CCD 1886	Canzuns coralas da Ser Gion Martin Darms, edidas per l'emprema ga 1886.
CDR 1951	Canti della Riforma, a cura di Margherita Fürst-Wulle. Centro Evangelico di Cultura e Editrice Claudiana, Roma 1951.
CEV 1885	Chants Évangéliques. Bureau de l'Appel, Lausanne 1885.
CLOM	Clom. Cudisch da cant ecumen per las baselgias dalla Sur- e Sutselva, Glion/Poschiavo [ediziun en preparaziun].
COD 1690	Consolaziun della olma devoziusa, quei ei canzuns spirituales de cantar enten baselgia sur tutt onn sin las fiastas de Nies Signer, de Nossa Donna e dils soings. Trun 1690.
COG 2006	Colours of Grace. Gesangbuch der Gemeinschaft Evangelischer Kirchen in Europa (GEKE). Strube, München 2006.
EG 1993	Evangelisches Gesangbuch (Stammteil). Evangelische Verlagsanstalt, Leipzig 1993.
EGB 1972	Einheitsgesangbuch für alle Diözesen der Bundesrepublik Deutschland; es schlossen sich Österreich und die deutschsprachigen Diözesen von Bozen/Brixen, Luxemburg, Rumänien und Böhmen-Mähren an. 1969–1974 wurden zwölf nach Themen geordnete Vorauspublikationen herausgegeben. 1975 erschien das katholische Gesangbuch unter dem Titel «Gotteslob» [> GL 1975].
EM 2002	Gesangbuch de Evangelisch-methodistischen Kirche. Medienwerk der Evangelisch-methodistischen Kirche GmbH, Suttgart/Zürich/Wien 2002/²2009.
FSK	Frauen-Subkommission zum > RG 1998.
GL 1975	Gotteslob. Katholisches Gebet- und Gesangbuch (Stammteil). Katholische Bibelanstalt, Suttgart 1975.
GTM	Arbeitsgruppe «Musik» im Hinblick auf diese Publikation der EKS. / Gruppa da lavur «musica» en vista a questa publicaziun da la BERS. / Groupe de travail « musique » en vue de cette publication de l'EERS. / Gruppo di lavoro «musica» per quanto riguarda questa pubblicazione della CERiS.
HAM 2013	Ancient and Modern Hymns and Songs for Refreshing Worship. Hymns Ancient & Modern Ltd, London, 2013.
INN 1969	Innario cristiano [della Federazione delle chiese evangeliche in Italia (FCEI)]. Nuova edizione. Editrice Claudiana, Torino 1969.
INN 2000	Innario cristiano [della Federazione delle in Italia (FCEI)]. Nuova edizione. Claudia 2000.
LKA 1859	Laudate. Katholisches Andachtsbuch zu öffentlichen Gottesdienste im Bisthum A 1859.
MB 1937	Musikbeilage zum Evangelischen Kirch Kirchengesangsbund, Zürich 1937.
PB 1941	Gesangbuch der evangelischreformier Schweiz. Probeband [zum > RKG 195; Zürich [1941].
PCT 1976	Psaumes, cantiques et textes pour le des Églises réformées suisses de lan Lausanne 1976.
PR 1936	Psautier romand. Recueil de psaume par les églises nationales protestant(Genève, Neuchâtel et Vaud. Imprime Lausanne 1936.
RŒA 2000	Alliance. Recueil œcuménique de cl Saint-Augustin, Bercher et Saint-Ma
RG 1998	Gesangbuch der Evangelisch-refor sprachigen Schweiz [= Reformierte Reinhardt Verlag und Theologische Zürich 1998/⁵2019.
RG* 1998	Begleitbuch zum Reformierten Ge: für Orgel mit Pedal.]. Friedrich Re Theologischer Verlag Zürich, Base
RKG 1952	Gesangbuch der evangelisch-refc sprachigen Schweiz. Druckerei W
SCP 1874	Sursum corda! Katholisches Ges; die Diöcese Paderborn, Junferma
S&C 1877	Salmi e cantici. Tip. Claudiana, F
S&C 1961	Salmi e cantici, Colloquio Engad Poschiavo. Coira 1961.
SH 1841	Auserlesene Psalmen und Geistl reformierte Kirche des Kantons keitlichen Privilegien. Schaffhai Buchdrucker. 1841.
ZH 1886	Gesangbuch für die evangelisch Probedruck [zum sog. achtörtic veranstaltet von der Conferenz behörden. Zürich. Druck von :

Abkürzungsverzeichnis
Table des abréviations

Elenco delle abbreviazioni
Register da las abreviaziuns

ACC 1982   Alleluja. Cudisch da canzuns ed orazuns per la baselgia catolica dalla Surselva – preparaus da Wendelin Caminada. Decanat Sursilvan, Cuera 1982/²1992.

ALL 2005   Alléluia. Avec le Christ, dépasser les frontières. Un recueil de chants au service des Églises francophones. Éditions Olivétan et FEEPR, Lyon 2005/²2007.

AÖL   «Arbeitsgemeinschaft für ökumenisches Liedgut», gegründet 1969 von den christlichen Kirchen im deutschen Sprachbereich.

CCD 1886   Canzuns coralas da Ser Gion Martin Darms, edidas per l'emprema ga 1886.

CDR 1951   Canti della Riforma, a cura di Margherita Fürst-Wulle. Centro Evangelico di Cultura e Editrice Claudiana, Roma 1951.

CEV 1885   Chants Évangéliques. Bureau de l'Appel, Lausanne 1885.

CLOM   Clom. Cudisch da cant ecumen per las baselgias dalla Sur- e Sutselva, Glion/Poschiavo [ediziun en preparaziun].

COD 1690   Consolaziun della olma devoziusa, quei ei canzuns spirituales de cantar enten baselgia sur tutt onn sin las fiastas de Nies Signer, de Nossa Donna e dils soings. Trun 1690.

COG 2006   Colours of Grace. Gesangbuch der Gemeinschaft Evangelischer Kirchen in Europa (GEKE). Strube, München 2006.

EG 1993   Evangelisches Gesangbuch (Stammteil). Evangelische Verlagsanstalt, Leipzig 1993.

EGB 1972   Einheitsgesangbuch für alle Diözesen der Bundesrepublik Deutschland; es schlossen sich Österreich und die deutschsprachigen Diözesen von Bozen/Brixen, Luxemburg, Rumänien und Böhmen-Mähren an. 1969–1974 wurden zwölf nach Themen geordnete Vorauspublikationen herausgegeben. 1975 erschien das katholische Gesangbuch unter dem Titel «Gotteslob» [> GL 1975].

EM 2002   Gesangbuch de Evangelisch-methodistischen Kirche. Medienwerk der Evangelisch-methodistischen Kirche GmbH, Suttgart/Zürich/Wien 2002/²2009.

FSK   Frauen-Subkommission zum > RG 1998.

GL 1975   Gotteslob. Katholisches Gebet- und Gesangbuch (Stammteil). Katholische Bibelanstalt, Suttgart 1975.

GTM   Arbeitsgruppe «Musik» im Hinblick auf diese Publikation der EKS. / Gruppa da lavur «musica» en vista a questa publicaziun da la BERS. / Groupe de travail « musique » en vue de cette publication de l'EERS. / Gruppo di lavoro «musica» per quanto riguarda questa pubblicazione della CERiS.

HAM 2013   Ancient and Modern Hymns and Songs for Refreshing Worship. Hymns Ancient & Modern Ltd, London, 2013.

INN 1969   Innario cristiano [della Federazione delle chiese evangeliche in Italia (FCEI)]. Nuova edizione. Editrice Claudiana, Torino 1969.

INN 2000   Innario cristiano [della Federazione delle chiese evangeliche in Italia (FCEI)]. Nuova edizione. Claudiana Editrice, Torino 2000.

LKA 1859   Laudate. Katholisches Andachtsbuch zum Gebrauche bei dem öffentlichen Gottesdienste im Bisthum Augsburg. Augsburg 1859.

MB 1937   Musikbeilage zum Evangelischen Kirchenchor. Schweizerischer Kirchengesangsbund, Zürich 1937.

PB 1941   Gesangbuch der evangelischreformierten Kirchen der deutschen Schweiz. Probeband [zum > RKG 1952]. Gebr. Fretz AG, Zürich [1941].

PCT 1976   Psaumes, cantiques et textes pour le culte, à l'usage des Églises réformées suisses de langue française. FEEPR, Lausanne 1976.

PR 1936   Psautier romand. Recueil de psaumes et cantiques adopté par les églises nationales protestantes de Berne (Jura), Genève, Neuchâtel et Vaud. Imprimeries réunies et Payot & Cie, Lausanne 1936.

RŒA 2000   Alliance. Recueil œcuménique de chants. FEEPR et Ed. Saint-Augustin, Bercher et Saint-Maurice 2000.

RG 1998   Gesangbuch der Evangelisch-reformierten Kirchen der deutschsprachigen Schweiz [= Reformiertes Gesangbuch]. Friedrich Reinhardt Verlag und Theologischer Verlag Zürich, Basel und Zürich 1998/⁵2019.

RG* 1998   Begleitbuch zum Reformierten Gesangbuch [> RG 1998] für Orgel mit Pedal.]. Friedrich Reinhardt Verlag und Theologischer Verlag Zürich, Basel und Zürich 1998/²2001.

RKG 1952   Gesangbuch der evangelisch-reformierten Kirchen der deutschsprachigen Schweiz. Druckerei Winterthur AG, Winterthur 1952.

SCP 1874   Sursum corda! Katholisches Gesang- und Gebetbuch für die Diöcese Paderborn, Junfermann, Paderborn 1874.

S&C 1877   Salmi e cantici. Tip. Claudiana, Firenze 1877.

S&C 1961   Salmi e cantici, Colloquio Engadina alta – Bregaglia – Poschiavo. Coira 1961.

SH 1841   Auserlesene Psalmen und Geistliche Lieder für die evangelisch-reformierte Kirche des Kantons Schaffhausen. Mit hochobrigkeitlichen Privilegien. Schaffhausen, bei Murbach und Gelzer, Buchdrucker. 1841.

ZH 1886   Gesangbuch für die evangelische Kirche der deutschen Schweiz. Probedruck [zum sog. achtörtigen Gesangbuch 1891], veranstaltet von der Conferenz der evangelischen Kirchenbehördern. Zürich. Druck von Zürcher und Furrer. 1886.

Verzeichnisse

Tables

Elenchi

Registers